La bestia que devora a los niños

La bestia que devora a los niños

Abuso sexual infantil: pornografía, delitos
sexuales por internet, empresarios y miembros
de la Iglesia violadores, y autoridades cómplices

María Antonieta Flores Astorga

AGUILAR

Penguin
Random House
Grupo Editorial

La bestia que devora a los niños
Abuso sexual infantil: pornografía, delitos sexuales por internet, empresarios y miembros de la Iglesia violadores, y autoridades cómplices

Primera edición: marzo, 2023

D. R. © 2023, María Antonieta Flores Astorga

D. R. © 2023, derechos de edición mundiales en lengua castellana:
Penguin Random House Grupo Editorial, S. A. de C. V.
Blvd. Miguel de Cervantes Saavedra núm. 301, 1er piso,
colonia Granada, alcaldía Miguel Hidalgo, C. P. 11520,
Ciudad de México

penguinlibros.com

ISBN: 978-607-382-682-2

Impreso en México – *Printed in Mexico*

"Los principales horrores no han estado siempre en la imaginación".

Cristina Peri Rossi

A Roberto, quien creyó en mí
y me alentó para decirlo todo.

Índice

Agradecimientos

A los niños, niñas, madres, padres, con los que he caminado y me han compartido sus historias. A los que han comprendido que, al nombrar las cosas, se aliviana la carga.

A todos los que han creído que al contar sus horrores... encontrarán justicia.

A quienes saben que los amo.

Introducción

Un día le pregunté a la niña que fui y me trajo hasta hoy: ¿Por qué me causa tanto asco, repugnancia, dolor, miedo, asquerosidad, *eso* que me ocurrió? *Eso*, que, al principio, en mi cortedad, ni siquiera sabía cómo llamarlo, cómo definirlo, expresarlo.

Fui una niña inocente, demasiado niña, a la que envolvieron sin dificultad, llevándome dócilmente con una coartada muy creíble para mis pocos años. En una época muy lejana a las redes sociales, al aplastante mundo de los medios de comunicación masivos, cuando el universo infantil conservaba su espontaneidad, su simplicidad original.

Alguien me jaló, literal me sacó brutalmente y para siempre de mi despreocupado y luminoso mundo. Así, sin ninguna compasión. Era una mujercita cándida, bulliciosa, alegre y llena de curiosidad, que vivía como en estado de gracia. Alguien se aprovechó de esa ingenuidad, de mi indefensión, sometiéndome a su antojo. Era sólo una chiquilla a la que engañaron con cuentos y agacharon sin piedad con el poder de la fuerza que me quitaba el aliento, sin la mínima oportunidad de escapatoria. No podía entonces imaginar maldad alguna. No la conocía en ninguna de sus caras. Fue mi entrada a un mundo siniestro, feroz y desalmado.

No trato de hacer una catarsis con mi propia historia, sino confirmar que esas situaciones marcan una vida, dañan los cuatro costados de una existencia y eso debe preocuparnos. No es justo que sean los pequeños, los más lastimados. Tipos compulsivos, crueles, sádicos, no deben andar merodeando escuelas, parques públicos, redes sociales, hogares.

Porque enfrentarse a un abuso de carácter sexual rompe el desarrollo armónico al que todo ser humano tiene derecho. *Eso* que me ocurrió sigue ocurriendo a miles de niñas y niños, y se necesita algo más que discursos y promesas gubernamentales.

El comportamiento cambia, te conviertes en un ser atípico, en un fugitivo, buscando un refugio. Te dejan varada en un sitio desconocido, envuelta en una sombra, adosada a tu piel, siempre tras de ti, persiguiéndote. Se puede mitigar, pero queda una cicatriz indeleble. Los anhelos desaparecen y la autoestima también se pierde, te desconecta de tu propio cuerpo y te sume en la negrura de un diálogo interior interminable, confuso.

Sé lo que es pasar por esa experiencia, por ello me permito hablar en primera persona y decir que *eso* es una inmundicia, lo más atroz y denigrante.

Muchas personas todavía no entienden los estragos del abuso sexual y reducen al papel de víctimas a las y los ofendidos sin voltear a ver a los ofensores, a los dañinos que tanto perjudican, por eso se sabe poco de ellos. ¿Cómo se atrevieron a cometer ese crimen contra niños y niñas, contra sus propios hijos e hijas? ¿De dónde sale tan aberrante comportamiento? ¿Qué lo gestó, y cómo nadie pudo impedirlo? Tal vez sería necesario reescribir los tratados psiquiátricos, psicológicos, neurológicos, criminológicos, porque muchos de esos depredadores aparecen como ciudadanos intachables, de excelente formación académica, casados, padres de familia, muy religiosos, muy santos, sin enfermedades aparentes. Esconden muy bien sus demonios personales, deambulando por la vida sin mostrar arrepentimiento. Hasta las mujeres, antes no tan citadas entre los pederastas, también están pululando entre esas tribus.

Son tragedias particulares que millones de niños y niñas están sufriendo en alguna parte del mundo, entre las paredes de su propia casa, en las escuelas, en los rincones de una ciudad.

En el mundo real sucede en ese cálido espacio donde están los que dicen amarlos, aprovechándose de esa devoción infantil. Los familiares siguen siendo los principales abusadores sexuales. El grueso de estos delitos, entre el 70–90% de los casos registrados, se están cometiendo en casa. Como ya no vivimos sólo en el mundo real, está ese otro que está cautivando a todos: el virtual. Ha llegado una ola de depredadores que está escarbando entre las redes sociales para allegarse víctimas sin mucho esfuerzo, sin tocar la puerta, activando un negocio de millones de dólares para el deleite sexual de los consumidores.

Los servicios en línea, romances en línea, fraudes en línea, educación en línea, son parte del *air du temps*, del espíritu de la época. Es en ese atrayente mundo virtual donde se está comprando, vendiendo y traficando el material de abuso sexual infantil (MASI), un delito cibernético que está entre los tres primeros rangos de las transgresiones en la Web. En el creciente mundo de las comunicaciones, según datos que arroja la Encuesta Nacional sobre Disponibilidad y Uso de las Tecnologías de la Información en los Hogares (ENDUTIH) del 2020, existen más de 84 millones de usuarios de internet y un promedio de ciento quince millones de teléfonos celulares en México; 78.3% de la población urbana y 50.4% de zonas rurales tienen acceso a un equipo inteligente. El auge de la comunicación en línea es imparable, un campo donde también crece la posibilidad de que los usuarios se dejen envolver por los engaños. Y peor aún, que sean los niños, niñas y adolescentes sus principales víctimas.

Ese universo de oportunidades está dejando en su camino a seres en pleno desamparo, sin atisbar que la orilla de un abismo se abre ante sus ojos. Un producto directo de la globalización tecnológica que lo mismo embelesa que atolondra y envilece. Estas son las nuevas herramientas que pederastas del mundo utilizan sin reparo, reducto perfecto para traicionar el delicado tejido de las mentes infantiles.

Son alteraciones provocadas por esa búsqueda del placer que ha sumado elementos que, sin consideración, están pudriendo una sociedad, sembrándola de aberraciones y desdichas. Como afirma Robert Muchembled en su libro *L'Orgasme et l'Occident*: "La sexualidad humana parece un mecanismo de reloj porque cada movimiento da sentido a todo. La menor modificación de una parte repercute en el resto". En la Web, un menú de ignominias se abre a cualquiera que lo desee. Sólo basta un clic en un dispositivo electrónico para penetrar en el ámbito más íntimo, donde pareciera que estamos resguardados. Con la magia sutil de un guiño te cazan, te enredan. Si a ti, adulto, conocedor y experimentado, te llegan a prender y a enamorar, imagínate lo fácil que es que uno menos avezado, vulnerable, como lo es un niño, se deje arrastrar. Estos últimos se dejan conducir mansamente ante la mirada ausente de los padres, que no supervisan, que no se dan cuenta del por qué el abuso sexual en línea incrementa más del 100% cada año. Una relación explosiva.

En este libro hablaremos de esas circunstancias que desencadenan una de las experiencias más dramáticas que pueden sucederle a un ser humano, al que acaban convirtiendo en una mercancía, en un producto.

Los traumas que provoca el abuso sexual infantil (ASI) en la psique infantil pueden resultar fatales al sumirlos en la depresión y en la tristeza, alterándolo todo, dejándoles desajustes difíciles de arreglar y que, a tientas, los niños tratan de entender. Sobre todo en los niños y niñas sin pizca de educación sexual, a los que convencen de que se trata de un juego, como algo normal, sobre todo cuando lo perpetra su propio padre, abuelo, tío, primo. Sus más cercanos.

Iremos descubriendo otra dimensión del mismo horror. Nos asombramos de lo que se vivió en Uruguay, de lo que hicieron en Argentina, nos enfurecemos y escupimos por lo que hizo Pinochet en Chile con las madres, con los hijos, sin detenernos a pensar que un horror en otra dimensión, de otro calibre, pero igualmente fiero y asqueroso, ocurre aquí, hoy y ahora, en México y en el mundo. Un fantasma que no ha dejado de habitar en América Latina. Si bien aquí no hemos vivido una dictadura, nuestro régimen democrático, dada su hipocresía, ha probado ser igual o peor que muchos regímenes de las hermanas repúblicas latinoamericanas. Si consideramos que lo peor es la desgracia a la que condenan a las víctimas, resulta más indignante que esas prácticas sean toleradas y encubiertas.

Si México ocupa los primeros lugares en el mundo en cuanto al abuso sexual infantil y la producción, venta y exportación de material de abuso sexual infantil, no es porque nuestro país sea la cuna de la pederastia o esté poblado de eso. Lo que pasa es que en México se ha encontrado un campo fértil para vender, traficar, abusar y maltratar a los menores, creándose con ello un ambiente de normalización. A los pederastas se les hace sencillo secuestrar, maltratar y manipular a los menores, hasta convertirlos en víctimas de su propio deleite y aprovecharlos luego como mercancía, todo porque hay un entorno de impunidad generalizada. Aquí entran también los adolescentes: a ellos les parece divertido intercambiar fotografías y videos donde muestran su fresca anatomía, ignorando que esas imágenes irán más y más lejos, que no llegarán solamente a ese destinatario conocido, sino al enorme grupo de personas que está al rescate de ese material en internet.

Hay un sistema que está permitiendo cualquier despropósito.

Que en el kínder de Sonora o de un rincón de la Ribera de Chapala maestras desalmadas hayan abusado de los más pequeños, esos que apenas saben articular una oración, no se dio por generación espontánea, no. Las retorcidas mentes como la de esas mujeres que hicieron de sus alumnos juguetes sexuales no se esconden en pueblos como San Nicolás de Ibarra, de menos de dos mil habitantes, tampoco. Aparecen en escuelas de todo el país, atacando la inocencia de los menores continuamente, hasta que alguien prende la mecha y se denuncia. Y peor aún, lo que captaron maestras y cómplices en sus video y cámaras no se quedó ahí, anda pululando por los bajos mundos, como un fruto cargado de ganancias.

Los menores, primero, no saben resguardarse; segundo, nadie les habló jamás en casa de que había que impedir que alguien tocara su cuerpo, sea su padre, su maestra, maestro o su tío. Ese tabú de hablar de sexo persiste y así las prácticas se perpetúan.

Que las niñas, niños y adolescentes sean víctimas sexuales en línea hace que éste no sea un problema local ni nacional, sino que lo convierte en un problema global e internacional. Ya no hay fronteras en esa geografía delictiva, llega a todas partes. Hoy la producción, exportación, venta y demanda de fotos y videos de lo que se cataloga como MASI está esparciéndose al mundo entero, aunque haya sucedido en el poblado más recóndito del planeta. Al no ser detectado por las autoridades, está circulando, compartiéndose, hasta quedar en los lugares más profundos de la red, silenciosamente.

Por otro lado, se ha creado una cultura de simulación cotidiana, de indiferencia. Por ello los delincuentes siguen campantes trabajando a sus anchas, protegidos, nadie sabe por quién, o por quiénes. Si en el menor de los casos, el miedo y la desconfianza hacia las autoridades desanima a acudir a interponer una denuncia, en el peor de los casos, los padres que sí se han atrevido a iniciar un proceso judicial se quedan impotentes, esperando que la justicia haga su parte. Solamente un porcentaje menor al 2% consigue llevar a los victimarios a la cárcel. Muy pocos de los pederastas son detenidos, enjuiciados y condenados a largos años de cárcel, dejándolos a su arbitrio para que sigan persiguiendo a los menores, sin tropiezos.

¿Por qué esto que voy a describirles es terrible, aterrador, espantoso? Por todo lo que se desprende después, que puede llevar al desquiciamiento total, al aislamiento social. Porque el sufrirlo te acompañará todos los días, como una segunda naturaleza.

Quiero compartir las historias de otros y otras que, como yo, han pasado por el mismo proceso: la humillación, la subyugación, el dolor causado al ser sometidos a los caprichos ajenos. Nadie entiende lo que es ser una víctima más que la propia víctima. Quiero describir en estas páginas la barbarie que vivimos al ser lastimadas tan profundamente, que nos hunde en un pozo tan profundo que se necesita no sé qué gracia divina para salir a flote. Mis magros recursos de aquella infancia de la que me despidieron demasiado pronto no me alcanzaban para darme cuenta de qué era *eso* que me partió en dos, en tres, en múltiples mujeres, en las que el único factor común era que no encontraba mi sitio en ningún lugar, malogrando muchas etapas de mi vida.

Esto no es literatura, no son cuentos; son historias reales, de gente real, a la que han dejado consecuencias tremendas a lo largo de su vida.

Son testimonios de niños y niñas que han sido sometidos por adultos sin escrúpulos, sin miramientos. Niñas y niños vulnerables, que apenas empezaban a vivir con la alegría de los primeros años, esos que les borraron de un tajo, sin contemplaciones, sin ninguna misericordia. Los causantes merecen ser refundidos en el infierno por las consecuencias que acarrean.

Esto explica por qué me he dedicado toda mi vida como periodista a tratar de descubrir lo que sucede antes y después de esos actos tan retorcidos, que de tanto repetirse hay quienes los ven como algo corriente, por la fuerza de la costumbre.

No hay consentimiento, te joden para siempre. Muchos han decidido morir con su secreto a cuestas, guardado desde aquel infausto día de su existencia. La fecha en el calendario nunca se borra, ahí queda, como un recordatorio de la perversidad humana, desconocida hasta que les ocurrió *eso*. Un estigma, nebuloso y callado. Y pese a todo, persisten ojos que no quieren ver, oídos que no quieren escuchar, bocas que prefieren callar y dejar pasar.

Al ser víctima de *eso* te quitan el derecho a elegir, a decidir, te violan y ya. ¿Cómo apoya la familia, la sociedad, las autoridades?

Te dejan sola y calladamente sufres el dolor, la desgracia, de ya no ser como las otras, de no haber muerto como una santa por no haberte dejado morir antes de que te quitaran la virginidad, te ultrajaran el "sagrado himen"; con la culpa a cuestas, sin entender por qué la sientes, por qué la vives. Cuántos millones de niños menos afortunados que otros nunca serán atendidos, arropados, encaminados hacía su propia redención, porque el peso que se carga es demasiado para un menor que nunca sabe cuál es la salida de ese sumidero en el que cayó. ¿Qué harán para superarlo?

Les contaré de esos niños que fueron abusados y como respuesta están sometiendo a otros al mismo flagelo, profanando infancias. Ofrezco testimonios de los malditos abusadores que con su poder, con su dinero, siguen corrompiendo y dañando a inocentes, sin pisar jamás la cárcel. La de otros que, tras años de persecución, al fin fueron detenidos, dejando a lo largo de su travesía a cientos de infantes aturdidos, quebrados, resignados, vencidos, dolidos, humillados, que tienen que coexistir con esa "muerte", como la catalogara la célebre feminista Gisele Halimi, que escuchó a tantas mujeres violadas decir: "*Nous sommes des morts vivantes*", somos unas muertas vivas. Sin embargo, a todas nos toca luchar y vivir para que ese germen maligno desaparezca de la faz de la tierra.

El ASI tiene consecuencias, no nada más para los que lo sufren, sino para toda la sociedad, que ve perpetuarse el daño al permitir que todo se vaya pudriendo, desde las células más básicas. A todos llega, gratuitamente.

Los expertos han comparado el trauma que causa un abuso sexual al que se sufre después de un secuestro, una guerra, un desastre natural o al de haber vivido en un campo de concentración. Las secuelas que dejan son las mismas: estrés postraumático, apatía y múltiples desajustes, los cuales se van quedando rezagados durante toda la existencia, sobre todo si no se atienden.

De ahí que sea útil reflexionar en torno a estos desvergonzados hechos. Ir más allá, actuar, dejando el cómodo egoísmo, el no involucramiento de lo que sufre el otro. Los niños son de todos y debemos protegerlos como si se tratara de nuestros propios hijos. Se trata del activo más importante de una nación.

Este trabajo es una reflexión compartida, no es meramente un libro de una modesta reportera, es la recopilación, el relato de los aciagos momentos que han marcado tantas infancias de esos niños que, siendo adultos, siguen padeciendo el pánico de aquel día, sin atisbar esa luz que el cliché popular dice se encuentra al final del túnel. Muchos nunca la vieron, nunca la alcanzaron. Soy una víctima más de esa monstruosidad que es el abuso sexual infantil. A todos nos vendrá bien una liberación. A través de sus voces buscaré, con ustedes, una salida.

La cifra negra

Silencio, complicidad, negación, vergüenza y falsedad se tejen alrededor de los delitos sexuales. Una realidad que revela los caminos resbaladizos que, luego de un acto de esa naturaleza, toma el silencio. Los niños callan y los padres ensanchan el silencio. Es la razón por la que existe una cifra negra en los índices de este penoso y lacerante drama para la sociedad: los silencios no cuentan ni traducen cifras reales. Números que harían perder la esperanza de un mundo mejor, más justo, más amable.

La razón más poderosa para ocultar esos hechos es que la mayoría sucede entre las sombras de una habitación, en la que un niño se siente seguro. Es ahí donde papá, hermano, abuelo, primo, amigos y hasta la propia madre se atreven a entrar rompiendo el cauce de una vida.

Según la Encuesta Nacional de Victimización y Percepción de la Seguridad Pública (ENVIPE) 2021 de INEGI, en relación con la cifra negra, en 93.3% de los delitos no hubo denuncia, o bien, la autoridad nunca abrió una carpeta de investigación. "Los mexicanos denunciaron solo 10.1%, o sea, quedaron registrados 2 millones 788 mil delitos, de los cuales el MP inició una carpeta de investigación en el 66.9% de los casos". Estas cifras no incluyen delitos contra menores; los niños, niñas y adolescentes no existen en esas estadísticas, que solamente contemplan a la población de 18 años y más. En el 2021 se cometieron 27.6 millones de delitos asociados a 21.2 millones de víctimas de 18 años y más.

Sin embargo, hay organismos, instituciones nacionales e internacionales, que se han ocupado en investigar más de esos delitos cuyas víctimas nunca pudieron defenderse. Y así sabemos, gracias a poderosas instituciones como la Organización para la Cooperación y el Desarrollo Económicos (OCDE), que México se sitúa en el primer lugar mundial en abuso sexual contra niñas y niños, con 5.4 millones de casos por año.

El Instituto Nacional de Estadística y Geografía (INEGI) publicó en 2019 que una de cada cuatro niñas y uno de cada seis niños fueron sujetos al abuso antes de convertirse en adultos, que equivale justamente a 5 millones de menores, como dice la OCDE. La Secretaría de Gobernación informó que durante la pandemia 60% de los casos contra niños de entre 6 y 12 años ocurrió en su casa. El Colectivo Mujeres Puerto Vallarta y el Comité de América Latina y el Caribe para la Defensa de los Derechos de la Mujer (CLADEM) da cuenta que la tasa de violación de niñas y niños en México es de mil 764 por cada 100 mil habitantes, y la de tocamientos no deseados corresponde a 5 mil por cada 100 mil habitantes.

Si bien son muy importantes las estadísticas y siempre sirven de referentes, el número de ceros que se agregan o se quitan sólo nos hablan de la dificultad para llegar a las cifras reales. Datos publicados por Alumbra en su reporte "Violencia sexual infantil en México: análisis de indicadores de incidencia delictiva 2021" revelaron que durante el enclaustramiento obligado por el COVID-19 aumentó considerablemente el número de abusos sexuales contra las infancias.

La Comunidad de Conocimiento Alumbra, integrada por 50 organizaciones civiles, nacionales e internacionales, señala que el abuso sexual infantil "es un fenómeno persistente e invisibilizado". Este organismo registró en el año 2020 un total de 54 mil 314 delitos de carácter sexual contra menores, de acuerdo a los datos proporcionados por el Secretariado Ejecutivo del Sistema Nacional de Seguridad Pública (SESNSP).

La dificultad para salir de ese incierto número es el reiterado argumento que habla de que en los registros administrativos están anotados sólo los delitos denunciados y por ende son los que quedan como víctimas. Y en esos laberintos de la burocracia, los de la Comunidad de Conocimiento Alumbra encontraron otras vigorosas razones: no existe una sistematización ni categorización del sexo y la edad de las víctimas, sino que se basan en las encuestas nacionales y en diversas fuentes de información pública, de las que se desprende que en los últimos cinco años se incrementó el delito de abuso sexual en México 87%.

Los estados que tienen las tasas más altas de delitos sexuales por cada 100 mil habitantes son Quintana Roo, Baja California Sur, Querétaro, Chihuahua y la Ciudad de México, donde 41% de los casos fue por abuso sexual, 23 % por violación simple, 15 % otros delitos sexuales, 10 % violación equiparada, 8% hostigamiento sexual y 3% por incesto. El estado de Colima en el 2020 registró 40.63 casos de abuso sexual por cada 100 mil habitantes, y tanto Aguascalientes como Nayarit no marcaron un solo caso, tal vez —explica Alumbra— porque no se cometieron o, lo más probable, porque no hubo denuncias. Es importante tomar en cuenta que son números que corresponden a la incidencia delictiva que, según leemos en la página oficial del SESNSP, se refiere "a la presunta ocurrencia de delitos registrados en averiguaciones previas iniciadas o carpetas de investigación, reportadas por las Procuradurías de Justicia y Fiscalías Generales de las entidades federativas…". Que, por cierto, aseguran que cuentan con una nueva metodología que permite actualizar la información mes a mes, desagregada y específica.

Por tanto, estos números reflejan sólo una parte de un frondoso árbol con muchas ramificaciones, ya que la gama de delitos contra los niños, niñas y adolescentes incluye corrupción de menores, extorsión, homicidio, lesiones dolosas, tráfico de menores, trata de personas y feminicidios, entre otros. De acuerdo con la información de Alumbra, en México matan a una niña cada 4 días. En 2020, hubo 115 niñas asesinadas. La trata de personas y todas las formas de explotación sexual, como el material de abuso sexual en línea, el turismo sexual y delitos de privación de la libertad con fines sexuales, ha estado creciendo, y las principales víctimas son niñas. Cada día, 33 menores son lesionados y 7 niños, niñas y adolescentes son asesinados, de los cuales 78% son del sexo masculino. Guanajuato tiene la tasa más alta, con 18.04%, y la más baja Yucatán, con 1.06 por ciento. Son datos oficiales, no necesariamente definitivos, porque —repito— se desgajan sólo a partir de las denuncias presentadas.

El Programa Estadístico de la Violencia contra Niñas, Niños y Adolescentes en México de UNICEF, en su edición del 2019, de entrada advierte: "En México, los casos de violencia contra [niños, niñas y adolescentes] NNA son difícilmente denunciados, ya sea por temor al agresor, a la exposición pública, a la estigmatización, por desconfianza en las autoridades, por desconocimiento de los derechos, o bien por la ausencia de mecanismos disponibles y accesibles para reportar o pedir ayuda", concluyendo que "los datos sobre violencia contra NNA son escasos, incompletos o se encuentran fragmentados entre las distintas instituciones encargadas de recogerlos". De ahí "que resulte complejo diseñar o implementar políticas públicas de prevención y protección integrales y coherentes para ponerles fin".

A esto se reduce la realidad.

Un entramado donde se pierde la verdadera cara porque no se cuenta con información detallada de lo que está ocurriendo, también por falta de interés o de recursos suficientes destinados a compilar proyectos estadísticos con una cobertura nacional. Una aproximación es lo que hay, nada más, como afirma UNICEF. Otra deficiencia es la falta de periodicidad de las fuentes de información y la falta de datos sobre las experiencias de violencia sexual y denuncias por parte de niños y adolescentes del sexo masculino.

Tal vez por esta razón el Fondo de las Naciones Unidas para la Infancia (UNICEF) plantea en torno a la violencia contra menores en México que existe "una cobertura parcial, ya que la información estadística no ahonda cabalmente en la situación de todos y todas de las NNA, especialmente de quienes tienen de 5 a 12 años".

Los dígitos pueden desmoralizar a cualquiera, sin embargo, en el siglo XXI al menos se puede hablar del asunto. Notoriamente, las mujeres han sido la punta de lanza en la lucha contra este delito, desde los movimientos digitales como #MeToo, las feministas, hasta las masivas marchas y denuncias en todos los foros posibles tratando de que nadie se quede callado, que se denuncie, que no quede impune.

Según datos del Consejo Mexicano de la Familia e indicadores de la OCDE, publicados en el 2017 en una compilación de académicos, juristas y defensores de derechos humanos denominada "La violencia infantil en México": "México ocupa el primer lugar mundial en ASI, en difusión de material de ASI por internet, y en tráfico sexual de niños. Y un segundo lugar en producción de pornografía infantil en internet (MASI), de entre 192 países, también como exportador de víctimas de trata de personas (después de Tailandia)". Esas categorías que describen a México parecen permanentes, se han mantenido vigentes en los últimos años. La otra constante también ha sido durante años: no hay estadísticas puntuales de los delitos contra menores en nuestro país.

Y uno se pregunta, ¿cómo deducen que somos un país con tantas lacras si los informes accesibles al público hablan siempre de pobreza en el monitoreo y de un trabajo muy fragmentado? Por ello, es mejor tomar cierta información con reservas.

Las metas son más claras e impostergables, como las que enuncia UNICEF:

> Promover el estado de derecho en los planos nacional e internacional y garantizar la igualdad de accesos a la justicia para todos. De aquí al 2030, se debe proporcionar acceso a una identidad jurídica para todos, en particular el registro de nacimientos. Fortalecer las instituciones nacionales pertinentes, incluso mediante la cooperación internacional, para crear en todos los niveles, particularmente en los países en desarrollo, la capacidad de prevenir la violencia y combatir el terrorismo y la delincuencia. Promover y aplicar leyes y políticas no discriminatorias en favor del desarrollo sostenible.

Cierto es que la información varía de un vocero a otro, de un organismo a otro. La de fuentes oficiales se basa en datos que llegan a las Fiscalías, que siempre parecen curarse en salud al machacar lo que parece estribillo, que de cada mil delitos de naturaleza sexual, sólo se denuncian 100, y de esos únicamente 10 alcanzan a llegar a los tribunales, y sólo uno obtiene condena. Coincide la mayoría de los investigadores que la causa es el miedo, la vergüenza, la desconfianza, "al cabo no sirve de nada". Y además ¿cómo van a denunciar si el padre proveedor es el culpable? Madres cuya dependencia económica con el marido las obliga a callar, convirtiéndose en cómplices.

La fundación Prevención del Abuso Sexual Infantil (PAS), informa que en México actualmente existen 22 millones de personas que han sido víctimas de ASI y que están viviendo las consecuencias. De cada diez de esas víctimas, sólo una lo ha podido platicar en su momento, nueve andan por ahí invisibilizados. Porque nunca hubo denuncia. Afirma que 75% de los agresores son familiares y 95% son personas que conoce el menor —un vecino, maestro, amigo— y solo en 5% de los casos es un tipo totalmente desconocido.

No se ha podido establecer qué población es más vulnerable. Se da en todos los estratos sociales. La definición de ASI que nos proporciona la Fundación PAS nos dice que se trata de cualquier forma de maltrato infantil basado en una relación asimétrica de poder donde quien lo ejerce busca algún tipo de gratificación sexual. La edad y el conocimiento juegan mucho en esas asimetrías. Pueden darse entre seres de la misma edad, donde uno sí tenga información psicosexual no adecuada a la edad y el otro no, y ahí se dan juegos sexuales que pueden terminar en ASI. ¡Ojo! Los primeros están replicando los juegos sexuales que han practicado o están ejerciendo con una persona adulta, es decir, ese menor también está siendo sometido a un ASI. Siempre que haya tres años de diferencia entre los menores se cuenta como una conducta sexual abusiva. En esos escarceos entre niños de 14 y 17 años hay una conducta abusiva, entre los de 3 y 6 años, lo mismo, ya que el nivel de maduración es distinto. La ausencia de capacidad para decidir es factor importante. No es un fenómeno único que se ubica en una edad determinada, sucede en los niños desde cero a 17 años en sus diferentes etapas de desarrollo: infancia, niñez, pubertad y adolescencia.

La punta del iceberg

Al referirse exclusivamente al delito de Abuso Sexual Infantil (ASI), los estudiosos en la materia lo dividen en dos modalidades: la directa, cuando un adulto guía a un menor para que tenga tocamientos, caricias, rozamientos, hasta llegar a la penetración y a la violación; la indirecta, cuando se incita u obliga al menor a observar material de pornografía, imágenes o actos sexuales. En esta segunda modalidad entra galopante el ASI en internet, que puede conducir a un contacto físico, a la extorsión, al secuestro, al tráfico infantil, a la trata, a la confianza y el encantamiento que despierta el adulto abusador. Inicia en el mundo digital, sí, pero sigue al mundo real. Una y otras modalidades tienen las mismas consecuencias para los infantes por la perturbación que les genera, desde trastornos del sueño causados por el estrés postraumático, hasta crisis de ansiedad, bulimia, autolesiones, entre tantas más. El cerebro del menor de edad, sobre todo los de preescolar que enfrentan a un abuso sexual, sufre cambios importantes que se expresan en un comportamiento irascible, irritante, o manifestando conductas regresivas, por citar someramente algunas de las repercusiones. En niños mayorcitos habrá disminución en el rendimiento académico, dolores de estómago, un comportamiento sexual avanzado. En los adolescentes puede darse el consumo de drogas o alcohol, trastornos alimenticios, ansiedad, intentos de suicidio, etcétera. Retomaremos este tema.

La Fundación PAS aconseja a los padres de familia que estén muy atentos a cualquier cambio notable o drástico en la vida de sus hijos y que traten de descubrir los motivos de esos abruptos comportamientos que se observan. PAS mantiene todos los días la fidelidad a los principios por la que fue creada: la prevención del ASI, la reducción de factores de riesgo a través de la información, la generación de entornos más sanos y la rehabilitación de las personas que han vivido o ejercido la violencia sexual. Habla de "blindar" a los niños y niñas para que no vivan esa experiencia, sobre todo los niños con mayor vulnerabilidad, baja autoestima, inseguridad, dificultad para expresar sentimientos, cierta discapacidad o que vivan en estado de orfandad. Esos son factores que los exponen a sufrir algún maltrato. El entorno familiar es clave en esta lucha, sobre todo cuando existen el abandono físico y emocional, hacinamiento, violencia y la no privacidad, que expone a los niños a ser testigos de relaciones sexuales de sus padres, entre otras situaciones.

A mayor vulnerabilidad, más peligro de sufrir abusos. Según ha observado Fundación PAS, en 90% de los casos que ha atendido existían factores de riesgo, que los padres nunca observaron. Para un niño con alto nivel de vulnerabilidad, pero en un entorno favorable, la probabilidad de vivir el ASI baja en 70%. Para los niños y niñas fortalecidos en toma de decisiones, autoestima y cariño, el porcentaje es 50%. Por ello recomienda PAS, una y otra vez, justamente, educar, trabajar con esos pequeños para que cada vez vivan en entornos más favorables y así reducir, al menos, de un cero a 20 por ciento la tendencia a que sufran ASI.

En este contexto cabe situar la evolución del ASI en esta era digital, donde el fenómeno ha migrado en forma alarmante a ese mundo sin más amarre que un artefacto electrónico. Los depredadores sexuales se están aprovechando de las facilidades que ofrece internet, las convivencias digitales, las redes sociales y las plataformas de la Web para ampliar el número de víctimas. Tranquilamente, de manera subrepticia, los van cercando, internando a través de los video juegos, ganándose la confianza del menor. Los niños se dejan ir creyendo que ese otro es un chico de su edad.

Si bien desde siempre se han registrado delitos sexuales contra menores de edad en casa, en escuelas, en iglesias, en seminarios, hoy las herramientas de la tecnología son pan comido para los fines de los maliciosos.

Se ha revelado que una edad crítica es a partir de los ocho años, porque los niños empiezan a recibir información no solicitada plena de contenidos sexuales entre adultos. La inadecuada y a veces muy ausente educación sexual, más la constante exposición a las redes sociales, están provocando la hipersexualización de los niños y niñas, alterando con ello su desarrollo psicosexual.

En este momento, un sujeto está dirigiendo sus dardos a un niño o niña que se encuentra conectado a internet, solo en su habitación. Para los delincuentes el plato está servido, con el menor esfuerzo.

¿Cómo es que el universo del internet se ha convertido en un agresor sexual para los menores? Son preguntas que investigadores, académicos y colectivos de defensa de los derechos de los niños están tratando de entender en todo el mundo.

Lo repetiremos hasta la saciedad: el grueso de esos actos ignominiosos los están cometiendo los seres más queridos contra sus propios hijos, sobrinos, ahijados, amiguitos. Otro dato, confirmado por la Comisión Nacional para Prevenir y Erradicar la Violencia contra las Mujeres (Conavim): 90% de los abusos sexuales contra las niñas se perpetran en su propia casa. El resto, 10%, sucede con desconocidos que encuentran en las calles, cerca de las escuelas.

A los riesgos de hogares donde los niños y niñas son atacados por sus allegados tenemos que agregar la triunfal entrada de las herramientas tecnológicas, que son potencialmente peligrosas para los nativos de la red, porque permiten que, sin acercarse ni a la puerta, agazapados violadores estén abordando a esos chicos embobados con los videojuegos o consultando sus redes sociales.

Como si se tratara de una pandemia más perniciosa que el COVID-19, el acoso y abuso sexual en internet se están desarrollando y creciendo de manera dramática, encontrándose una incubadora perfectamente aceitada. Cibernautas malignos andan a la búsqueda de niños y niñas con el propósito inmediato de conseguir material sexual infantil que luego subirán a las redes sociales, profundas y superficiales. Material que en los adultos se produce y consume legalmente, como es la pornografía, pero que en los niños toma otra dimensión, criminal, penalizada, perseguida, llamada MASI.

El monstruo del ASI tiene otros pertrechos muy poderosos que están generando dividendos millonarios. En internet, los agresores sexuales forman ya una tribu muy unida, muy pujante, muy solidaria. Se intercambian información, tips, se comparten material y direcciones con el propósito de allegarse posibles víctimas.

La ONU, a través de UNICEF, afirma que la comunidad de pederastas estaba integrada en el año 2014 por 750 mil personas contactando a niñas, niños, y adolescentes, cifra que hoy ha incrementado a más de un millón. Aunque —hay que repetirlo— las cifras cambian, se quedan cortas. Ni cada país puede saber cuántos pederastas, virtuales o no, se esconden en alguna localidad. Basta recorrer la geografía de cada lugar del mundo y podemos ver con terror cómo cada día se van descubriendo a criminales de esta categoría, como ocurrió por ejemplo en Zulia, uno de los 23 estados de Venezuela, cuando al ser detenido, el llamado "Monstruo del barrio Bolívar", confesó que ya no llevaba la cuenta, pero había abusado sexualmente a más de cien niños.

Los investigadores han concluido que uno de cada cinco menores que usan internet está siendo enganchado por un pederasta. Ante esa evidencia, viene otra: la mayoría no se animará a contarlo a sus padres por miedo a que les prohíban el acceso a los juegos y redes sociales. Los pederastas en línea no son un nuevo tipo de delincuentes, simplemente cuentan con un nuevo medio para delinquir. Ellos sí están muy protegidos, abrigados por el anonimato, irrumpiendo de una manera devastadora, aplastante, imparable, como un pulpo de poderosos brazos y tentáculos. Un fenómeno desconocido por nuestras abuelas, que vivieron en un mundo sin redes sociales, sin computadoras ni entretenimiento en línea.

La revolución digital no se detiene y ha trastocado todos los órdenes y las esferas sociales, sobre todo la comunicación humana. Si bien se trata de uno de los grandes pasos de la humanidad, trae implícitos muchos riesgos. A grandes zancadas hemos visto el crecimiento de las redes sociales, que han facilitado el acercamiento con seres humanos de cualquier lugar del planeta. En el siglo pasado, si alguien hablaba de que un día existiría el *home office*, el trabajo desde casa a través de una simple computadora, pocos lo creerían. Hoy, la nueva forma de trabajar desde el hogar llegó para quedarse.

Las nuevas tecnologías de la información están al alcance de todos. Esto incluye a los "nativos digitales", aquellos que nacieron a partir del año 2001, en un mundo lleno de computadoras, videojuegos y teléfonos celulares, más que los millennials, nacidos a partir de 1981 y hasta el año 2000, que han ido integrando a su vida las herramientas digitales. Los nacidos mucho antes de esta era digital seguimos conversando por teléfono, los menores no; ellos saben que una imagen dice más de cien palabras y han adoptado su propio lenguaje, ese que ofrece el internet, y dicen a través de los "emojis" lo que quieren comunicar. Un "emoji" sustituye cualquier idea. Por ejemplo, el de una llamita, significa *hot*, muchas llamitas aducen a una solicitud de ver una imagen con menos ropa o sin ropa. Para los papás de hoy, conocer ese mundo paralelo a las herramientas digitales deberá ser un desafío más, porque como inmigrantes digitales no estamos muy familiarizados con esos significados, con esos significantes.

Relacionarse a través de las redes se ha convertido en una necesidad, en un intercambio. Nadie se escapa. No obstante, no todo es divertido. La telaraña cibernética esconde además sutiles hilos de engaño que se han entretejido a través de sitios como Snapchat, Instagram, TikTok, Twitter, Messenger, Facebook, YouTube, Telegram, etcétera, donde todo puede suceder, desde ser sujetos de un fraude, recibir noticias falsas, conocer personas sanas o malintencionadas, comprar, vender, hasta recibir tutoriales y consejos para acomodar en forma "correcta" el papel sanitario en los dispensadores, de todo y para todos. Ofrece amigos o riesgos inminentes. El anonimato es el marco ideal para que lleguen hasta tu intimidad pidiendo amistad, sin tocar ni la puerta. No hay certeza de con quién se están compartiendo los pensamientos, las preferencias, los sueños o las risas. Tratándose de menores, el peligro es una realidad que muchos padres desconocen y los pederastas aprovechan.

TikTok, una app de videos cortos, es la que más están usando hasta el momento los nativos de la red y los millenials, prácticamente la asumen como parte de su estilo de vida. Desde ahí se marcan las tendencias, las modas, las formas de hablar, de comportarse, la música. Es una aplicación muy "family friendly", ya que se prohíbe subir videos donde haya violencia, palabras altisonantes o desnudos. Instagram es otra aplicación donde los niños y niñas son muy asiduos; las palabras soeces y los desnudos se eliminan y puedes elegir que se vea una sola vez o se quede. En cambio, en plataformas como Twitter, Messenger, Linkedin y Telegram, todo cabe, hasta contenidos pornográficos, aunque esas plataformas están creando filtros para separar los mensajes nocivos.

Están en el menú de opciones las redes chinas como WeChat, QQ, Qzone, Sina Weibo. Las favoritas a nivel global siguen siendo YouTube, con más de dos mil millones de usuarios, WhatsApp, con un promedio de mil 600 millones, y Facebook Messenger, con más de mil 300 millones de usuarios y mensajes que permanecen en la red, a diferencia de Snapchat, en donde se pueden borrar en 24 horas. El rango crece cada día: Netflix, Spotify, Podcast, Litmatch, MeetMe y un sinfín de propuestas. Lo importante es saber que todas estas aplicaciones están influyendo en el desarrollo cognitivo, afectivo y social de niñas, niños y adolescentes, como señalan los estudiosos. La interacción provoca sentimientos, emociones y conductas. A la medida del deseo, aficiones, hábitos, conocimientos y oportunidades están contenidos en la red.

Vivimos prácticamente encerrados en esas redes tecnológicas. Un vehículo que manejamos todos, como una extensión de nuestro cuerpo, como el auto y todos los artefactos que nos han hecho la vida más cómoda. Pero tenemos que aprender a usar y guardar ciertas reservas en torno a las redes sociales, repito, tener cuidado en lo que se dice y hace a través de esas superautopistas de la información.

Se han inventado palabras, otras se han resignificado, quedando como elementos que poco a poco la gente va asimilando como nuevas formas de comunicación en la red y fuera de la red. Todo el discurso y las costumbres han cambiado. Se han sumado activos elementos para acechar a sus víctimas. Tanto, que se han descubierto comunidades de abusadores sexuales que intercambian información, se aconsejan y se unen entre ellos para atrapar en la red a un niño focalizado como posible víctima con el propósito de obtener contenidos de carácter sexual, fotografías, videos. Si uno no lo ha podido convencer, tal vez el otro sí. Se trata de que no se escapen de su mira.

Y he aquí algunos de los riesgos de esas redes sociales y de los que hablaremos mucho en este libro. Todo inicia como un juego. El niño acepta a un amiguito, creyendo que es su par, iniciando el diálogo.

El método aplicado lo explica muy bien Jordi Martín Domingo, especialista en prevención del ciberdelito de la Oficina de la ONU Contra la Droga y el Delito (UNODC):

El niño no sabe que se trata de un adulto, quien astutamente en su perfil se identifica como otro menor. El menor, de siete, de doce, trece, catorce años, confía en él, convencido de que tiene un nuevo amigo o amiga para dialogar, charlar y enviarse contenidos. Esta tramposa condición se cataloga como *grooming*, palabra en inglés muy ligada al mundo de los animales, que significa acicalar, acariciar, hablar con palabras bonitas.

Así es como un adulto se va conectando con un niño. Le mensajea con palabras cariñosas, amables, lo va envolviendo con frases dulzonas hasta que se crea un lazo de confidencialidad, de poder, de respeto y confianza. El menor o la menor le confiesan sus problemas, lo incomprendido que a veces se sienten. No olvidemos que se trata de un adulto que está trazando una estrategia de engaño; tras conocer sus vulnerabilidades, sus necesidades, planea cómo ir atrayéndolo hacia sus fines. En la primera etapa lo engancha; en la segunda etapa, el agresor sexual consigue un secreto, una imagen, con el pretexto de que quiere conocerlo. Fotografías en las que el niño no atisba conflicto. Poco a poco la confianza y la candidez hacen el resto. Mientras, el falso amigo va avanzando en sus peticiones. Le va pidiendo imágenes, fotografías no sólo de su rostro, sino de cuerpo entero, solicitando que se vaya desprendiendo de su ropa, que muestre sus piernas, su torso. Hasta que llega un momento en el que ese niño accede mansamente y se desnuda. Más pronto que tarde, el embozado adulto se torna más exigente, pide otras actitudes, más desnudos, *nudes*, en el argot cibernético. No hay marcha atrás, los niños y niñas no pueden negarse. Lo que inició como un encantamiento se rompe cuando el menor ya no quiere enviarle más fotografías. Es entonces cuando ese "amigo" inicia con el chantaje, diciéndole que si no le envía más fotografías y videos, le dirá a su papá lo que han estado haciendo. Aquí da inicio la etapa de extorsión, y el menor, por miedo a que sus padres se enteren, le concede lo que pide.

Así es como trabajan esos agresores, y no les lleva más que pocos minutos. Esos *groomers* nunca sueltan a su víctima, no se detienen. Lo empiezan a obligar a enviar una fotografía sin ropa, luego un video, y son capaces de invitarlos a que se conozcan personalmente, hasta lograr un encuentro físico.

Es la forma como consiguen gran cantidad de material de abuso sexual infantil (MASI), que puede ser para la propia erotización del agresor o para comercializarlo.

El *grooming* es la forma más común en la que los adultos llegan a los niños, y las niñas entre 7 y 13 años son las más afectadas, según expertos de UNODC. Un agresor sexual siempre lo será, volverá a cometer el delito, porque le genera dinero o gratificación sexual. Sea *grooming* o *sexting*. En este último, si bien no es un delito, porque hay consentimiento de los pares, por tratarse de novios, novias o amigos, sí son prácticas peligrosas. Recordemos que todo lo que llega por internet se queda en la red y puede convertirse en material de abuso sexual comercial, listo para ser distribuido, algo que los acaramelados novios o parejas en su mayoría desconocen.

Es un fenómeno que no solamente afecta a un país o a una clase social, es un problema global, un reto que enfrenta la humanidad, y por ende se debe abordar desde la alianza de todos los países e instituciones. En cualquier lugar del mundo, tenemos la obligación de cuidar a nuestros niños y niñas, donde quiera que se encuentren.

Para el especialista en ciberdelitos de la ONU, lo importante no es saber qué país ocupa el primer o segundo lugar como productor de MASI:

Podría ser que estadísticamente México sea uno de los principales productores, pero ¿dónde están los consumidores? Finalmente, si un menor es víctima en Vietnam, en Kenia o en Chapala, es un menor de edad siendo abusado o explotado sexualmente, y ahí estriba la gravedad. Entonces, sea un niño mexicano o de otro país, lo cierto es que está siendo explotado por una tercera persona de quién sabe dónde. Por eso se está trabajando para que las intervenciones sean globales, buscando alianzas para proteger a la humanidad y a los niños de cualquier origen, donde estén. Porque hay agresores sexuales en todo el mundo.

Según Jordi Martín Domingo, deben fortalecerse los sistemas de justicia para que mejoren sus capacidades investigativas, forenses y de atención a víctimas, que los jueces entiendan cómo funciona esto de la evidencia digital, dónde está la prueba cuando es un chat:

Se trata de que puedan resolver de forma más eficaz e impartir justicia. Es un mix de temas legales, tecnología, cooperación. Se deben articular varios actores, trabajar con las instituciones, resolver los casos y dar acompañamiento en los procesos de restauración a las víctimas, trabajar al ritmo de la tecnología que ha evolucionado exponencialmente en los últimos años. Es un tema del presente, no de futuro.

Lo grave es que los menores no tienen la suficiente edad para ser conscientes del riesgo que asumen cuando mandan una fotografía de su cuerpo a una persona, no saben que están cediendo el control para que el otro decida quién ve su cuerpo desnudo, cuándo y por qué. Tener presente que al lado del *sexting* está el *grooming*, donde no existe la voluntariedad, sino el engaño, con tal de conseguir el material. Incluso el *sexting* entre menores de edad, aunque no sea delito, sí se puede considerar una práctica de riesgo, porque están cediendo algo muy íntimo que nos puede afectar si se socializa a una tercera persona. Las relaciones cambian, mañana… no sabemos.

De alguna forma se debe hacer conciencia que los adultos pueden hacer lo que quieran con su cuerpo, ejerciendo su libertad sexual, pero hay que saber que en internet todo lo que publicamos permanece para siempre, es muy difícil removerlo. Estamos a un clic de mandar una fotografía a un grupo y a un clic de que esa fotografía esté en Australia, en Japón. Cualquier avezado puede jalar la imagen, esa que creíste se mantendría como un secreto de pareja.

El especialista en ciberdelitos revela que este mercadeo de imágenes es tan extendido que en cualquier plataforma de pornografía legal sólo basta hacer click en la palabra *pack* (conjunto de fotografías y videos sexuales) para darse cuenta que hay, intercaladas, cientos de imágenes de parejas jóvenes, supuestamente tomadas para su consumo personal. Parejas que se han preguntado: ¿Cómo llegó ahí, si yo la compartí solamente con mi pareja bajo el compromiso que nadie más las viera? Todas sus intimidades terminaron en un portal de pornografía, al alcance de millones de personas. Según Jordi:

Cuando compartimos desnudos o escenas comprometedoras, estamos perdiendo el control de nuestros cuerpos y debemos asumir las consecuencias. Si bien el erotismo siempre ha existido, la diferencia es que ahora contamos con más equipos para producir imágenes de cualquier índole. Pero debemos tener presente que si algo de ese material puede lastimar a un ser humano, no puede permitirse, porque es una vulneración a sus derechos fundamentales. Y en el tema de los menores, peor, se convierte en una transgresión, en un delito, en el que se espera se garantice el acceso a la justicia, de ahí la importancia de la denuncia.

Miles de niños y niñas, en muchos otros países del mundo, son víctimas de MASI, y eso constituye apenas la punta del iceberbg, porque no se trata solamente de fotografías que reciben los depredadores sexuales para su consumo particular, para su disfrute en aras de un placer inconfesable, no. Esas fotografías y esos videos son traficados, vendidos, para satisfacer un goloso mercado que se esconde entre las tinieblas.

Para el especialista en delitos cibernéticos de la ONU, lo que viene después va dejando secuelas emocionales que son muy complicadas de resolver. Porque el deterioro queda y no hay hasta hoy una forma sencilla de aliviar la angustia y los espantos en esos niños, en esas madres cuyos hijos han caído en esa órbita, que se esconde entre los pliegues de la clandestinidad. Al respecto, Jordi dice.

Pero lo más terrible de esta situación es que las imágenes que se trafican ilegalmente no son sino el síntoma de un problema más grave. Detrás de cada imagen hay una serie de actos ilegales y repulsivos que se cometieron en contra de menores de edad, que en el peor de los casos podría llegar a la trata.

La gente debe tener muy claro que todo lo que compartimos en las redes deja un rastro tecnológico, algo así como el cuento de Hansel y Gretel, que iban dejando las migas de pan para encontrar el camino.

En internet todos nuestros actos, aunque pensemos que nadie se da cuenta, dejan una pista, que puede ser individualizada e investigada. Cuando compartimos algo, bueno o malo, quedan registros. Cuando hablamos de ciber delitos, nos referimos por un lado a la parte tecnológica y, por otro, debemos citar la prevención y la educación en el buen uso de esos nuevos instrumentos. Es necesario no solamente hablar de evitar delito, sino de cómo lograr un manejo inteligente de la tecnología en el ejercicio de nuestros derechos. Las nuevas generaciones nacen casi casi con una tablet bajo el brazo, de ahí la necesidad de enseñarles a usarla de manera libre y segura.

Cuando hablamos de agresores sexuales en línea, hay quienes buscan erotizarse con el material que consigan y eso les basta; pero están también los que pretenden fines económicos, que tras conseguir una imagen del menor, la venden, la comercian. En este último, no es una víctima de oportunidad, de esas que te asaltan en la calle y el malhechor huye, no. En internet todo ha sido planificado por el pederasta paso a paso. Los niños, niñas y adolescentes están a un click de caer en un abismo.

Se ha descubierto algo que parece mentira, pero no lo es. En el año 2020, 49% de las imágenes de ASI en internet fueron generadas por los propios menores. Tras haber sido convencidos en la red, se muestran en su cama, en la sala de baño, en actitudes y actividades sexuales, a pedido del que está al otro lado de la cámara a cientos o miles de kilómetros, grabando y compartiendo en vivo. Las edades de esos pubertos oscilaban entre los 11 y 13 años.

Según pesquisas de Internet Watch Foundation (IWF), en una sola línea de denuncias de ASI, en el año 2021 se detectaron 153 mil 350 reportes con millones de imágenes de contenido sexual que fueron removidas de la red, registrándose un incremento de 77% en relación con el año anterior. La IWF, un organismo que está trabajando en 43 países, afirma que cada tres minutos encontraron niños y niñas que estaban siendo abusados sexualmente en vivo. Agregan un dato espeluznante: "Los abusadores animan a los menores a que incluyan en la escena a un hermano o hermana". En el verano del 2020, descubrieron que niños, niñas y adolescentes estuvieron videograbándose hasta ocho veces al día. Hallaron escenas que "rompen el corazón", admite la IWF, como la de un niño de once años que le pide a su hermano que le haga sexo oral, o el de seis años que invita a su hermanita de cuatro que haga lo mismo. Niños que estaban siendo manipulados por alguien al otro lado de la pantalla.

En este concierto de servicios digitales, existen, claro, páginas muy seguras y confiables. Pero existen también buscadores como Tor, que lleva a la red profunda, la *dark web* o *deep web*, que algunos opinan tiene más capacidad que los buscadores más populares que usamos habitualmente, como Google. En la página ADSLZone explican que el internet bien podría imaginarse "como un iceberg del que sólo vemos la punta, la información accesible, que es sólo un 4% del total". Y según Panda Security, al ir bajando ese bloque de hielo "podemos ir encontrando distintos estadios y niveles de profundidad, donde estaría la red profunda y hasta alcanzar la Deep Web al final de las capas". Por cierto, aclaran que "no es ilegal o peligroso", porque hay gran cantidad de información importante y recursos valiosos. La diferencia de otros buscadores es que son contenidos no indexados, pero de acceso público. Para acceder a esos sitios está el navegador Tor Browser, que es gratuito y fácil de bajar. Según la página citada, si bien no es ilegal, pueden encontrarse productos y contenidos que sí lo son, y que propician riesgos como la descarga de malware en los equipos y el robo de datos, ya que los hackers están a sus anchas y pueden llevarse información confidencial. Advierten que descargar contenidos ahí almacenados relacionados con drogas, armas, pornografía, pedofilia, asesinatos y otras acciones ilegales causaría problemas porque son vigilados por la policía. Además, "puede afectar a nivel emocional y mental".

Un menú completo al alcance de todos, una extensa lista de buscadores, como Grams o Kilos, una plataforma muy utilizada por los delincuentes, donde pueden operar con bitcoin de manera secreta y segura.

Así, en esas redes profundas de la web, se encuentran, datos muy difíciles de rastrear en otros buscadores, pero también comunidades criminales que comparten sus delitos, sitios donde se venden armas, drogas, el reducto perfecto donde comercializan el MASI. Y hasta ahí llega lo más granado de los pederastas.

En la escuela

Como siempre, su madre le hizo unas trenzas y luego le ensartó unos moños blancos. Estaba lista para ir por primera vez a la secundaria.

Estudiaba en el turno vespertino de la escuela pública más cercana a casa. Su madre, una mujer a la que habían pensionado por un accidente de trabajo, se dedicaba totalmente a su hija. Clara se había divorciado del padre de Marisa unos años antes. Su ocupación capital era cuidar a su hija. Todos los días la encaminaba hasta la puerta del plantel, donde luego de pasar la barrera de entrada, ella, la madre, volvía a casa, caminando tranquila y confiada; estaba haciendo lo mejor por su hija. A la salida de clases ahí estaba la mamá, siempre la mamá.

La hija era una chiquilla alegre y estudiosa, tanto, que sus calificaciones en la escuela primaria oscilaron en un promedio de 9 y 10. Era excelente, a decir de su madre. Tenía su propia habitación, limpia y ordenada. Esa que estaba llena de muñecos, de juguetes que apenas empezaba a abandonar. Su

49

estatura y su complexión la hacían ver más madura, física y psicológicamente.

Durante ese primer año de secundaria, Clara, la madre, nunca se percató de que algo estuviera perturbando a su niña. Cualquier arrebato, capricho o desobediencia de la menor los consideraba como un arranque propio de una mujer que va caminando rápidamente hacia la adolescencia.

Clara observaba que Marisa se quedaba meditabunda de un momento a otro, medio atolondrada. Lo que antes era habitual, entablar una conversación con su hija, se volvió complicado. La niña llegaba y se dirigía rápidamente a su habitación, sin querer hablar con su madre.

Si bien la infancia de Marisa estuvo marcada por ciertos acontecimientos, como la separación de sus padres, y en los años más recientes por la reclusión de su progenitor en un centro penitenciario de alta seguridad, acusado por delito de delincuencia organizada, su madre siempre trató de que la situación de su padre no la afectara.

Marisa fue galopando entre el ensueño y el desengaño. Salió arañando los resultados de las calificaciones para alcanzar el segundo año de secundaria. Ya no era la misma, aunque siguiera rodeada de sus casitas de madera, de sus muñecos favoritos.

Clara notó algo raro después de las vacaciones de verano, cuando Marisa regresó a clases. Drásticamente saltaron signos preocupantes: su hija bajó de peso, se negaba a comer, encolerizándose sin que hubiese una razón aparente. De haber sido siempre animosa y alegre, Marisa manifestaba signos de cansancio, depresión, hostilidad.

La escuela era enorme, tachonada de árboles, con salones alejados unos y otros. Había que recorrer largos pasillos para llegar al salón de clases que correspondía a Marisa, muy al fondo, al final de un corredor. Había además talleres en edificios separados entre el enorme bosque que rodeaba al centro escolar y salones que nadie usaba.

Lo que desconocía la mamá es que el maestro de matemáticas de Marisa la tenía atontada con sus palabras a través de Messenger. A la chica la habían acorralado, la llenaba de palabras edulcoradas: que ella era una princesa, que era la mujer de sus sueños. Y ella se había dejado llevar.

Regresar a clases fue el detonante. Se le escapaba el sueño y empezó a sufrir una anemia muy perniciosa. No habría marcha atrás, se dijo, tenía la terrible sospecha que el maestro le pediría algo más en los días que siguieran. Eso la sumió en un estado depresivo que a su madre le tenía muy alarmada. Temblaba. Ya no se sentía tan segura ante el alebrestado maestro. Por eso parecía aterrorizada, estaba ya en el límite de sus fuerzas. Los mensajes la delataban:

—Ya me voy a bañar, tengo mucho calor.

—Jajaja! Saca la foto.

—Yesss.

—Omg sí te doy. Esa foto me gusta.

—A mí también.

—Está como para mí.

—También usted me encanta… pero ese es otro tema…

Si le pedía fotos o videos, se los enviaba al instante. Tomaba *selfies* desde el baño, en la cama de su habitación, al ritmo de la demanda del mañoso maestro. ¿Y si las compartió con alguien?, empezó a preguntarse meses después de iniciar con los acalorados intercambios. Un halo de inquietante vergüenza la envolvía.

Hasta que llegó un día que todo se trastocó. Clara, que respetó siempre la intimidad de Marisa, se enteró del mundo al que había entrado su hija. Una tarde que Marisa dejó cargando su teléfono mientras iba a visitar a la abuela, Clara escuchó una y otra vez el clásico sonido de las notificaciones que anuncian la llegada de nuevos mensajes. Pensó sólo en apagarlo, pero algo dentro de ella —a la que nunca le había llamado la atención echar un vistazo—, la impulsó a leer los mensajes. Tuvo que sentarse para no caer. Con el índice iba recorriendo las fechas. La lectura le iba revelando una escabrosa realidad. Clara se echó a llorar, sintiéndose desvanecer, incrédula ante eso que nunca vio venir, ni imaginaba siquiera. De golpe surgió, la evidencia de por qué su hija ya no era, nunca más sería, como antes. No estaba preparada para ello.

La terrible naturaleza de esos hechos había dejado a su hija aún más endeble, Clara lo observaba y le preocupaba. En un sistema escolar que tampoco está dispuesto a encarar el problema, preocupándose más por proteger a los maestros que apoyar a las víctimas, y un Estado con débiles mecanismos para defender a la infancia, Clara decidió al precio que fuera dar la cara por su hija.

Aunque le hubiese preguntado, Marisa por su corta edad ni siquiera encontraría las palabras para explicar lo que estaba viviendo.

Aparecían en la pantalla imágenes desnudas de su hija. Montones de fotografías que a Clara le causaron repugnancia, indignación. Ni ella había visto desnuda a su adolescente. Eran las huellas de un diálogo entre un sujeto y una niña. Fotografías más y más reveladoras de una muchachita que empezaba a dar visos de mujer. Releyó una y otra vez los diálogos entre el mentor y Marisa. Frases como: "A ese culito sí le doy", "estás buena para violarte". Ese era el tenor de las palabras en el chat. El profesor le repitió muchas veces: "Mira, cuando terminemos de hablar, borra toda la conversación, las fotografías, ya que yo soy un adulto y tú eres menor de edad. Si tu mamá las ve, me va a meter a la cárcel, y ya no seré tu amor. Yo estoy perdidamente enamorado de ti". Pero, la chiquilla, por una extraña razón, nunca eliminó ni una sola imagen, ni una palabra. Posteriormente fueron pruebas irrefutables que confirmaban el delito.

El primer mensaje se registró el 8 de diciembre del 2016, o sea, cuando Marisa tenía apenas doce años.

Todo empezó al pedir como alumna a maestro información sobre el proyecto que había dejado como tarea y que ella no contaba por haber ingresado poco después, a la secundaria.

—Profe buenas noches. Disculpe que lo moleste, pero tengo una duda sobre el proyecto. Tenemos que hacer el examen ya corregido o ¿tenemos que hacerlo como lo hicimos (sin corregir) o hacer otro examen ya corregido?

—No, sólo corregido.

Ese fue la inofensiva conversación con la que fue enfrascando la criatura. De ahí para adelante, hasta considerarlo su confidente. Ella le confesó al maestro que le gustaba un compañero de nombre Jacobo y le pidió consejos, haciendo hincapié que lo guardara para él, que nunca le dijera nada al susodicho, que sería un secreto entre los dos.

Los diálogos entre aquel hombre de 32 años y la niña de 12 fueron haciéndose más constantes a través de sus cuentas en Messenger, tanto que para enero del 2017 las fotos ya eran una exigencia. Menudeando el pack (conjunto de fotos y videos sexuales), que se volvió una práctica continua: "Usted sabe que casi es mi mejor amigo".

Para el mes de mayo del 2017, las frases eran más directas. Él dejaba mensajes de *"I love you"*, ella contestaba: "Hasta mañana que sueñe con su desabrida rubia". A lo que él respondía: "Mejor tu pack".

—Qué le mando si parezco tabla. No parezco, soy una tabla.

—No, tienes lo tuyo y tus lunares.

—Le gustan?

—Más el de tu boca. Se te ve chido, sexy.

—Estoy bien plana.

—No. No. Manda el pack.

—Después te lo mando milob.

—Y verás que no estás plana.

—Sí lo estoy, pero así me quieres toda planita.

—Sólo te pediré un favor.

—Sip.

—Siempre cuando termines de hablar conmigo borra las conversaciones para evitar problemas si alguien por alguna razón los leyera.

—Es lo que hago no te preocupes.

—Por eso me encantas.

—Ya lo borré. Pásame tu pack.

—Lo puedo intentar.

—Simón! ¿Por qué no?

—Porque luego me demandas.

—Usted no necesita permiso.

—Jajaja! al rato me dirás pervers…

—Estamos igual.

—No, porque tú eres la peque y yo soy el viejo.

—Eso no tiene nada que ver…

A los pocos meses Marisa estaba totalmente aturdida, confiando ciegamente en el maestro que la había llevado de la mano en las pequeñas crisis amorosas hasta caer redondita con una persona que le triplicaba la edad.

Ya en junio era tal la intimidad entre los dos que él la apodó "Lunarcita". Y ella le confesó que ya no amaba a Eduardo ni a Jacobo.

Le envió el mensaje:

—No somos nada, pero él, es mío.

—¿Quién? ¿Eduardo o yo?

—Tú.

—Bueno me siento bendecido.

Hasta en horas de clase recibía mensajes de su mentor. El acoso de su maestro fue tan efectivo que la atención de la niña estaba clavada en él.

Los meses transcurrían entre el arrobamiento de la menor y los apuros. Había bajado de peso, lo que él le reclamó, por cierto. Ella lo consideraba casi como dios, a quien debía rendirle y evitar que se molestara. Por eso le resultó fácil el envío de fotos más y más explícitas, so pretexto de que no se guardaban las anteriores, por "cuidarla", para que nadie las viera. Para el tipo, hilvanar la historia en que enredó a la menor, parecía un juego. La jovencita no se percataba de que ese hombre la estaba pervirtiendo, maleando.

—Que usted me deje en visto no es de Dios.

—Una sin vestido.

—Azapotamadre!

—A mí solo me gusta cómo te ves tú. Nadie más.

—Yes.

—Eso me alegra.

—Bañada uno cambia. Mañana usted no me da clase. No tendrá chiste el día. Al menos para mí, no tendrá chiste.

—Pero ahorita motiva la noche.

—Ups!

En junio del 2017 era tanta la efervescencia en sus diálogos que le decía a ese hombre que era su "crush":

—Sólo con usted me besaré algún día

—Tantas fotos lindas y nadie las vio nunca, y te cuidé.

—Y nadie las verá porque sólo son y serán para usted. Qué no shingado. ¿Me quieres ver mañana?

—Y ahorita, sin ropa. Fotos cachondas, me las debes.

—Haré lo que me digas, chiquito hermoso

Y después de recibirlas, el maleado maestro escribía:

—Estás muy guapa, no pareces así en uniforme.

—El uniforme hace que me vea más deforme de lo normal. ¿Le gustó la foto?

—Está muy violable. Me sorprendiste. Muy guapa, muy hermosa.

En julio del 2017, la chica le envió un mensaje:

—Salimos temprano y no hay quien vaya por mí.

—Si pudiera verte fuera de la escuela sería más fácil. Yo te llevo a tu casa.

—Rayos, ¿en serio?

—Sí, obviamente. Pero no le digas a nadie que te dije.

Diálogos cargados de fotos desde diciembre del 2016 hasta el 26 de noviembre del 2017, testigos mudos de casi un año después de que iniciara la dispareja amistad: "Sigo enamorado de tu foto sensual", "me veo muy flaca", "si pudiera verte desnuda te diría", "borro lo que me mandes". Y de ahí hacia atrás. La misma cantaleta del profesor hacia la inexperta criatura.

Al darse cuenta, conmocionada por la tribulación que le cayó de golpe, la madre de Marisa sin dudarlo acudió a denunciar los hechos. A las primeras de cambio, en la agencia del Ministerio Público de la delegación de la Fiscalía, en el pomposo edificio de Ciudad Niñez, sede de la Procuraduría de Protección de Niñas, Niños y Adolescentes de Jalisco, una mujer la arengó para que no insistiera en su denuncia: "Ya que no procede porque el maestro la enamoró. Y aparte es muy desgastante. Es cuestión de estar yendo una y otra vez a las diligencias. Señora, tómelo con calma, se trata de cosas que suceden entre las adolescentes, que siempre caen rendidas ante cualquier maestro". Total, desestimaron el caso y no le tomaron la denuncia, a pesar de esperar varias horas.

Clara pidió ayuda a una diputada, que la acompañó a que interpusiera la querella el 28 de noviembre del 2017. En los días siguientes, las autoridades judiciales le aplicaron una evaluación sobre el estado mental y las actitudes a la menor. Resultó que: "Presenta baja autoestima, inseguridad, sensación de debilidad, rigidez, actividad fantasiosa como fuente de satisfacción y mecanismo de defensa, demanda de atención y aprobación, deseos de cerrarse al mundo, búsqueda de afecto e interacción social, necesidad de apoyo emocional, emotividad infantil, rechazo de la sexualidad o de acercamiento sexual, control rígido de la sexualidad, posible dependencia, sentimientos de inferioridad, culpa, énfasis en el pasado, tendencia a la impulsividad, centrada en sí misma, impulsos hostiles, tensión, inestabilidad de la conducta". Con todo y el rosario anterior, los psicólogos diagnosticaron que la menor: "No presenta daños psicológicos como consecuencia de los hechos que se denuncian, lo que se concluye que no reúne características de víctima del delito. Se desconocen las secuelas que pueda presentar a corto, mediano y largo plazo". Otro revés contra la madre, así lo resintió Clara, por lo que acudió a la Comisión Estatal de Derechos Humanos (CEDH) a expresar su queja. Se sentía, igual que su hija, en pleno desamparo y en estado de permanente desasosiego.

Las secuelas no tardaron en aparecer. En la agencia de la Unidad de Investigación, Marisa cayó en una crisis, tuvo que ser atendida por la psicóloga de guardia, quien recomendó a la madre que la llevara a terapia. La chica fue diagnosticada con "estrés postraumático".

Sin desfallecer, la madre agotó todos los recursos, porque se dio cuenta que casos como el de su hija difícilmente avanzan y los expedientes se van sumando a la hilera de denuncias que en tropel llegan diariamente al Ministerio Público. La jovencita declaró:

Yo, las primeras fotos que le envié fueron selfies y conforme pasaron los días, me empezó a pedir fotos, primero de mis pechos desnudos, después de mi cuerpo completo. Entonces lo que yo hice fue mandarle fotos de mi cuerpo en forma parcial, es decir, me tomaba la foto sólo de una parte de mi cuerpo y no completa como él me pedía. Y eso lo hacía, por lo regular, en el baño de mi casa y frente al espejo, buscando la manera de que no se me viera mi cara, pero sí partes de mi cuerpo, lo cual hice en diferentes días y horas. Y cuando él veía mis fotos, me llegó a decir que yo estaba buena para violarme, que mis pechos estaban buenos para chupármelos. Cuando él me decía eso, yo contestaba con alguna carita para dejar el tema, pero él me mandaba caritas con ojos de corazón, como diciendo que estaba enamorado de mí. Le empecé a mandar fotos porque era muy insistente y me convenció. Además, cuando lo veía me decía que estaba muy bonita, cosas que me hacían sentir bien, me hacían sentir importante. Por todo eso yo accedí a mandarle fotos de mi cuerpo desnudo. No sé por qué lo hice. Yo no tenía ningún sentimiento hacía él, como que me guste o estar enamorada de él, ni me dio regalos a cambio de las fotografías. En junio de ese año, antes de terminar el ciclo escolar, cuando fui al salón de clases y él estaba solo, se me acercó y me dio un beso de piquito en la boca. En una ocasión que fui a buscar un balón al salón de entrenamiento, a la bodega pues, de pronto sentí que me pellizcaron y tocaron mis nalgas, y la única persona que se encontraba ahí era el maestro. Luego se ponía a jugar conmigo volibol, replegándose mucho a mi cuerpo, sin tocarme con las manos, sino acercando mucho su cuerpo al mío.

El expediente rescata todas las insinuaciones, fotografías, los impulsos del corazón de una chica que se sentía enamorada de su maestro.

Marisa va a cumplir ya 18 años y continúa siendo atendida por paido psiquiatras y por psicólogos de la Comisión de Víctimas del Delito, ya que comenzó con una práctica que otras madres han revelado hacen sus hijos después de un ASI: flagelarse, usando un cutter que utilizan para las tareas escolares. Se hacía cortes en las axilas, en los brazos. Vive angustiada por el temor que le causa el maestro: "Tengo mucho miedo, qué vamos a hacer", le dice compungida a su madre. La incertidumbre no la abandona.

Como víctima indirecta del delito, Clara, al obtener copias de la investigación, se dio cuenta que había otras tres niñas afectadas por el mismo sujeto, pero las mamás no quisieron interponer denuncia, aunque el camino para hacerlo se había abierto. Una argumentó: "Me da mucha vergüenza", otra, "no tengo tiempo", y la tercera dijo "no me importa". Es un daño que perdura toda la vida, pues le aniquiló su amor propio, su autoestima. Hoy, que tiene más uso de razón, Marisa le pregunta a su madre: "Oye, mamá, y dónde están las fotografías, los videos, yo quiero destruirlos". Clara sigue haciéndose esas preguntas: ¿Las vendió, las subió a una página de pornografía infantil, a una de trata de menores? Nadie le da razón de la localización de ese material.

El caso pudo quedar impune. Casi un año después de haberse escabullido de la justicia, el inculpado fue aprehendido.

Lo más notable de Clara fue su fortaleza durante un proceso que duró más de cuatro años, cansada moralmente, mentalmente, sin dinero. El hecho de haber acudido a la par de su hija a recibir atención psicológica, sin faltar a ninguna cita, la ha sostenido para continuar con denuedo, porque al principio nadie le creía, y a su hija menos. En esas andaba cuando la conocí, estaba totalmente indefensa, dolida, decepcionada. Recuerdo que antes de que detuvieran al sujeto estuvimos en la secundaria, que se encuentra por la colonia Oblatos, en Guadalajara. El director, de apellidos Figueroa González, con indiferencia y un desprecio absoluto en su mirada nos echó a la calle, sin ninguna atención, sin haber escuchado a la madre. No hubo empatía, compasión ni respeto de su parte, más bien gritos airados.

"Lo importante es no quedarse calladas y usar todos los recursos jurídicos al alcance, acercarse a los que pueden apoyar hasta para hacer un escrito, una petición", dice la mujer, harta ya de tantas vueltas, comparecencias, pagos, viajes al Centro Penitenciario donde no se perdió ningún careo con el detenido, donde exigía copias del expediente, que le negaron muchas veces. Algunas noches me llamaba llorando, porque el caso no avanzaba, nerviosa, luego de haber permanecido horas y horas sin probar alimento para no perder ninguna parte del proceso. Sin embargo, sigue su lucha, ya que Control Interno de la SEJ no ha resuelto la responsabilidad administrativa del profesor, como servidor público. Tampoco han soltado un centavo como indemnización de los daños, por nunca haberse aplicado los protocolos de prevención del abuso sexual, como dictan las normas.

Al maestro lo sentenciaron a 10 años y seis meses de prisión bajo el delito de prostitución infantil. Obtuvo la sentencia en el 2018 sin haber confesado qué hizo con el material de Marisa. Pero esa sentencia de 10 años fue modificada cuatro años después, en el 2022, cuando la defensa del sujeto interpuso un amparo y el Supremo Tribunal de Justicia resolvió bajar la pena a siete años.

En México, la Oficina de Defensoría de Derechos de la Infancia (ODI), en su informe "Es un secreto. La explotación sexual infantil en las escuelas", detectó y documentó casos de abuso infantil en centros escolares de la Ciudad de México, Estado de México, Sinaloa, San Luis Potosí, Oaxaca, Morelos, Baja California y Jalisco. Hablan de una "alarmante cantidad de denuncias por abuso sexual cometido por maestros". Señala que en 17 escuelas las víctimas describen acciones de encubrimiento, porque sus familiares al denunciarlo ante la escuela no recibieron respuesta. Hablan también de que en 6 escuelas los niños y niñas presenciaron actos sexuales entre adultos que participaron en la agresión. En 7 escuelas los niños fueron obligados a realizar tocamientos entre los propios infantes. También documentaron "actividades ritualistas", en las que menores fueron desnudados y amarrados y luego obligados a orinar sobre otros o mojarse las manos con ella. En 4 escuelas les ponían disfraces y máscaras. En 14 escuelas les tomaron fotografías o grabaciones durante el abuso sexual. En 6 escuelas los niños relatan que los llevan a casas donde se encuentran adultos que no conocían. En otras 4 escuelas sedaban a las criaturas.

Según ODI, el primer lugar donde se ha detectado el mayor número de casos es CDMX, y le sigue Jalisco. Casos documentados a través de la asesoría jurídica, casos litigados, en los cuales se dan cuenta de las limitaciones en la impartición de justicia, los obstáculos en el diseño institucional y operativo de la investigación criminal. Además, las escuelas carecen de una supervisión adecuada. Lo peor es que en una misma escuela se cometen abusos no contra un niño o niña, sino contra 30, como lo refiere ODI. En un solo plantel había 10 agresores. Detectaron "37 casos identificados como posibles coincidencias en patrones" de niños entre 3 y siete años. Conductas donde los mecanismos de impunidad son: "Desarticulación entre policía y fiscal. Fragmentación de la investigación. Falta de adecuación para infancia. Y exclusión de las víctimas". Todo ello garantizando la impunidad.

Aquí quiero citar a UNICEF en su Programa Estadístico de la Violencia contra Niñas, Niños y Adolescentes en México, en su edición del 2019 señala que en torno a la violencia en las escuelas: "Hoy se desconocen al menos tres aspectos cruciales de la violencia en los centros educativos. El primero de ellos tiene que ver con la magnitud y tipos de violencia que acontecen en las escuelas desde el nivel preescolar, es decir la población de entre 3 a 11 años de edad. En segundo lugar, falta información acerca del número de alumnos involucrados en actos de violencia y del seguimiento que las autoridades les han brindado (...) Por último, no se tienen estadísticas que dieran cuenta del desorden social al interior y alrededor de las escuelas".

La historia de Marisa ilustra muy bien la actividad del "grooming". Paso a paso vemos el proceso que sufrió esta menor, pero también el abandono institucional al que están enfrentándose miles de niños en las escuelas del país. Múltiples casos confirman el tremendo riesgo de los pequeños, donde se creía estarían a salvo. A cinco años de los hechos, Marisa no ha podido liberarse de los estragos causados por ese sujeto, en el que creyó ciegamente. Teme que el sujeto la busque cuando sea liberado.

En una veintena de escuelas de varios estados de la República se ha revelado que desde nivel preescolar hasta la secundaria se registraron abusos sexuales contra los menores.

Y lo peor es que en México este infierno parece hacerse cada vez más profundo, ante la negligencia o complicidad de las autoridades.

No es un problema local, es internacional

En agosto de 1996 se celebró en Estocolmo el Primer Congreso Mundial contra la Explotación Sexual Comercial de los Niños, acatando los principios de la Convención sobre los derechos del niño, que exigen proteger contra todas las formas de explotación y abuso sexual a los menores. Hubo representación de 122 países que se comprometieron a establecer una asociación global contra esas prácticas. Fue entonces cuando se definió el concepto de "explotador sexual" como una persona "que se beneficia injustamente de cierto desequilibrio de poder entre él y una persona menor de 18 años, con la intención de explotar sexualmente a esa persona, ya sea para sacar provecho o placer personal".

En la Guía de Luxemburgo se establece la terminología correcta de los delitos en línea, unificando los criterios: "Todos los actos de naturaleza de explotación sexual realizada contra un niño, que tienen en algún momento una conexión con el entorno en línea. Esto incluye cualquier uso de las Tecnologías de la Información y Comunicación, que resulte en explotación sexual o provoque que lo sea, o que produzca, compre, venda, posea, distribuya o transmita imágenes u otro material que documente dicha explotación sexual". Esta terminología fue adoptada por la red ECPAT.

La red global ECPAT (End Child Prostitution, Child Pornography and Trafficking of Chidren for Sexual Purpose) es una comunidad internacional, integrada por 118 miembros que trabajan colectivamente en 104 países para poner fin a la prostitución y el tráfico de niños y asegurar que los niños, niñas y adolescentes de todo el mundo disfruten de sus derechos fundamentales, libres de todo tipo de explotación sexual comercial. El compromiso es de colaboración entre gobiernos y sociedad civil para la ejecución de leyes que prevengan futuros crímenes sexuales contra los menores.

Ha sido importante el camino que se ha hecho hasta hoy por organismos internacionales que están trabajando para visibilizar la problemática del abuso y la explotación sexual de niñas, niños y adolescentes (NNA) en el mundo.

ECPAT es la suma de sociedad civil y organizaciones que están generando conocimiento, creando conciencia, abogando y protegiendo a los menores de todas las manifestaciones de explotación sexual infantil. México está afiliado a ECPAT, y cualquier denuncia relacionada se canaliza a la Línea Nacional contra la Trata de Personas.

Todos los organismos dedicados a combatir el ASI coinciden que no se trata de manifestaciones aisladas, sino más bien interconectadas gracias a la gran movilidad y el rápido acceso en línea. Por lo mismo los menores de edad pueden ser víctimas al estar expuestos a varios frentes.

En su resumen anual del 2020, sobre la "explotación sexual en línea", ECPAT estima que uno de cada tres menores de

18 años son usuarios de internet alrededor del mundo. Datos globales indican que el uso de internet se está incrementando, tanto en el número de niños que acceden como el tiempo que pasan en línea.

ECPAT considera que el abuso sexual infantil en línea representa un doble abuso, ya que la niña o el niño son forzados a participar en actividades sexuales, solos o con otras personas, y dichas actividades son transmitidas en vivo, viéndose en lugares remotos por otros usuarios vía streaming.

Subraya ECPAT que en ambos casos, es decir, en línea y fuera de línea, las evidencias indican que la mayoría de los abusos y explotación de menores es cometida entre gente de su círculo de confianza. Así que, en la medida que el mundo se conecta más y más a través de la tecnología, también está presente una serie de peligros. La penetración más amplia de internet y el uso cada vez mayor de dispositivos móviles permiten que los delincuentes hagan mal uso de la tecnología para contactar, preparar y abusar de los menores. Adicionalmente, la disponibilidad de plataformas de mensajería encriptada, redes de igual a igual y el acceso a las redes profundas facilitan que los perpetradores conecten, cooperen, evadan la identificación y compartan material de abuso y explotación infantil (CSAM/CSEM por sus siglas en inglés).

Las pautas que marca la Guía de Luxemburgo en términos generales incluyen todas las conductas y manifestaciones criminales que tienen lugar en el ciberespacio. Hasta principios del año 2000, la problemática del abuso sexual en internet estaba confinada solamente a la producción, posesión y distribución en línea. Ampliando la noción de explotación sexual infantil facilitada por internet, se incluye una amplia gama de prácticas como la transmisión en vivo de ASI, la extorsión y la coerción.

Dichas tecnologías se utilizan cada vez más por los explotadores, tanto para el acoso como para contactar fuera de línea a los menores, gracias a que el internet permite amistades anónimas de manera global, facilitando actividades como el acercamiento, compartir información y coordinar sus crímenes. Aunque el material obtenido no sea para el consumo personal, genera dinero, perpetuando la explotación sexual de los niños.

De ahí que Gobiernos y comunidad internacional estén reconociéndolo como una amenaza y adoptando medidas preventivas y legislaciones que protejan. Muchas iniciativas han sido lanzadas para hacer frente a este crimen. Un ejemplo de ello es WePROTECT Global Alliance, que reúne a expertos de los gobiernos, sector privado y sociedad civil para desarrollar políticas y soluciones tendientes a proteger a los niños de la explotación y el abuso sexuales en línea, propiciando compromisos con su modelo de respuesta nacional, que proporciona un marco de políticas para desarrollar capacidades intersectoriales para enfrentarlos, generando políticas y enfoques prácticos para que el mundo digital sea más seguro, más positivo vis a vis con los menores, previniendo el abuso sexual y los daños a largo plazo.

Aunque a nivel mundial, nacional y regional, el nivel de compromiso político ha mejorado durante la última década, cada vez hay más informes de niños en todo el mundo que sufren abusos y explotación sexual a través de la tecnología. En México, el Congreso de la Unión aprobó en el 2014 una reforma de ley contra el tráfico humano, incluyendo todos los tipos de agresiones relacionadas con el abuso y la explotación sexuales, en viajes y turismo.

El informe de ECPAT sobre la explotación sexual en línea señala que el volumen total de MASI que circula en línea sigue creciendo a un ritmo sin precedente, y que las fuerzas del orden público indican que esas colecciones de material que incautan a los delincuentes son cada vez mayores y con una proporción superior de videos versus imágenes.

Múltiples fuentes indican también que el número de casos que se conocen, y en particular el de MASI, ha aumentado debido a que los denuncian a través de las hotlines o líneas de reporte, que están obligadas a evaluar los contenidos que los usuarios de internet o las empresas de telecomunicación reciben, determinando su naturaleza y legalidad. Algunas líneas de reporte, como Internet Watch Foundation, han sido muy proactivas detectando material escaneando internet.

Para ver la dimensión y la importancia de una línea de reporte, he aquí unos datos: en 2013, un año antes de que iniciaran con sus búsquedas, IWF identificó 13 mil 182 páginas; en el 2019–2020 registró 132 mil 672 páginas, un incremento de cien por ciento.

Te Protejo Colombia proporcionó datos que demuestran el incremento. Afirma que hace diez años recibía un promedio de 400 reportes y el año 2021 se incrementó a 128 mil. La diferencia es enorme y se ha logrado gracias a la sensibilización e información que ha promovido esa línea de atención en ese país de Sudamérica.

Otro ejemplo de lo que significa el trabajo de esos organismos interconectados, es el del proyecto canadiense Arachnid. Sistemáticamente identifica los contenidos de MASI al navegar por la red a través de rastreadores web. Desde su lanzamiento en el 2017 y desde que puso en marcha el Centro Canadiense de Protección a la Infancia para detectar imágenes de abuso sexual en línea, ha logrado eliminar seis millones de fotos y videos de explotación sexual de niños en más de mil compañías de servicios electrónicos repartidas en más de 100 países, ayudando al mismo tiempo a los sobrevivientes a salir del círculo de abuso.

El Centro Nacional para Niños Desaparecidos y Explotados (ICMEC, por sus siglas en inglés) de Estados Unidos, a través de su CyberTipline, reportó en 2019 haber recibido 16.9 millones de reportes sospechosos de explotación sexual infantil, de los cuales solamente 150 mil 667 (menos del 1 por ciento) tuvieron su origen en las llamadas de la población. El resto venía de proveedores de las empresas de comunicación electrónicas, de los dueños de las plataformas, de Facebook en su mayoría. Según ECPAT, desde el año 2008 todas las bases de proveedores de comunicación electrónica en Estados Unidos están obligadas a reportar a ICMEC el material de abuso sexual.

Con todo, al lado de estas cifras que cita ECPAT de todas las formas de explotación sexual infantil, existe la dificultad de medir su verdadero alcance, ya que la mayoría de los casos no se reportan.

Según María del Pilar Ramírez Argueta, directora de International Child Protection & Criminal Justice Training del International Centre for Missing & Exploited Children (ICMEC), cada año se están sumando niños y niñas menores de siete años a esos intercambios. Cuando un niño envía una fotografía o un pack a un adulto, puntualmente se debe saber que se trata de MASI. Si un adolescente envía su pack a uno de sus pares y éste lo distribuye entre los compañeros de su escuela, que es una práctica común en estos momentos, más pronto que tarde lo pescará un pederasta.

En las escuelas está de moda entre los jovencitos enviarse un *nude* o un "pack" sin saber hasta dónde van a llegar esas imágenes, lo cual implica un riesgo. Sin embargo, los directivos de los centros escolares no saben qué medidas tomar. La funcionaria de ICMEC cita el caso de una escuela particular de Perú, donde el error del director fue expulsar a los menores sin aprovechar el momento para dialogar sobre esas prácticas irresponsables. Los pudientes padres de familias lograron que sus menores fueran reintegrados a las aulas, lo cual resultó también grave, porque esos estudiantes fueron motivo de escarnio y de acosos, de bullying por parte de sus compañeros. Y lo que pudo haber sido una experiencia que daba pie a educar sobre el uso de las tecnologías se fue por la borda. Los chicos fueron revictimizados y se perdió con ello la oportunidad de exponer la necesidad de que si algo les incomoda puedan hablar.

En el año 2020, indica la Internet Watch Foundation, de los reportes de imágenes que recibieron, 44% fueron autoproducidas. Los chicos desde su habitación se tomaban sus fotos desnudos y las reenviaban a personas que ni siquiera conocían. Esta actividad se incrementó en la pandemia. 56% restante de esas imágenes fueron tomadas por vecinos, hermanos, primos, amigos, gente cercana a su entorno familiar, abasteciendo con ello la demanda de producción de material de parte de los consumidores y distribuidores. Para los agresores sexuales —explica Ramírez Argueta— mientras más novedosa sea la imagen, mayor valor tendrá en el mercado.

Al hablar de agresores sexuales, hay también mujeres que se están incorporando a este mundo del hampa. ¿Cómo actúan las mujeres? Son cómplices de los hombres, o toman un papel activo en la captación de los niños. Aunque estadísticamente, la mayoría de los pederastas son hombres. Para más precisión: a nivel mundial aproximadamente 96% son hombres y 4% mujeres las que están violando a los niños. En la comisión del delito se amplía el abanico: 40% de los cómplices son mujeres. Se trata de un mercadeo, uno de los más grandes; hay una retribución económica, y el interés estriba en eso, sin lugar a duda.

ECPAT e INTERPOL han estudiado y analizado información registrada de un millón de elementos de MASI extraídos de la base de datos de los países miembros, del que se desprende que 64.8% son imágenes de niñas y 30.5% de niños. Las imágenes representan abusos más severos contra los niños, incluyendo niños muy pequeñitos. La investigación demuestra que los abusadores prefieren víctimas de su mismo origen étnico, tal vez por la cercanía y el círculo de confianza, o tal vez indica que los depredadores se mueven local o regionalmente para abusar. Otro de los hallazgos se relaciona con la dificultad de categorizar materiales sexuales que habían sido generados por los mismos menores, cita María del Pilar Ramírez Argueta.

Se ha percibido que el nivel de violencia sexual se ha incrementado con el tiempo, que la proporción de niños representados aumentó de 4.3% en 2017 a 16.8% en 2018. La violencia sexual que observaron en las imágenes y videos muestra el mismo sufrimiento de los niños fuera del mundo digital.

La era digital está desafiando y cambiando incluso las nociones de privacidad y sexualidad, particularmente entre los adolescentes. La gente joven está intercambiando sus fotos y videos con sus pares de manera consensual, y si bien puede que el *sexting* no tenga repercusiones negativas, ese material puede terminar circulando en la web y adquirido por los delincuentes.

Al hablar de la transmisión en vivo, los investigadores de ECPAT han concluido que quiza se produjo por miembros de la familia o por otros adultos conocidos del menor, porque se han visto las manos de esos delincuentes en la realización del abuso sexual frente a la cámara. A través de herramientas de transmisión de video y transferencia de microfinanzas internacionales, los consumidores de ese material pueden ordenar que se perpetre un abuso específico, pagando por ello y viéndolo vía streaming mientras está ocurriendo en otro lugar.

Se han identificado casos donde los perpetradores toman ventaja de la disparidad económica, es decir que de países desarrollados accedan a víctimas de países en desarrollo, aunque no es exclusivamente el caso. Este fenómeno se ha extendido en algunos países del Sudeste Asiático, particularmente donde hablan inglés, aunque también se ha reportado en Europa del Este, Sudamérica, Rusia y Estados Unidos. Otra tendencia que se ha observado y que necesita ser monitoreada es el uso de herramientas de entretenimiento basadas en la tecnología de realidad virtual para contactar niños con propósitos sexuales. En particular se ha notado que los videojuegos que permiten brindar sensaciones a los usuarios pueden atraer a los niños curiosos. La tecnología de realidad virtual ya ha sido documentada, pero su futuro desarrollo, implicaciones y el impacto en los niños todavía no se ha entendido por completo. Se ha incrementado el uso de la nube, la encriptación tecnológica y la inteligencia artificial, ya que los delincuentes evitan compartir el MASI directamente. Los reportes señalan que la encriptación parece ser uno de los desafíos a detectar.

Para ECPAT existe un mayor riesgo en poblaciones particulares, como son los niños de las comunidades LGBTQI y los niños desplazados, refugiados o migrantes. De ahí el imperativo de abogar para que legislaciones nacionales o locales estén acordes con los estándares internacionales en el uso de la terminología y las definiciones pautadas por la Guía de Luxemburgo.

Es imperativo, con base en la información que se extiende sobre el ASI y el MASI, que en la misma medida que los propios padres están utilizando los dispositivos móviles como herramientas para mantener distraídos desde temprana edad a sus hijos, como antes lo hacían con la televisión, deben estar muy atentos a los sitios que frecuentan, porque la falta de supervisión de los padres ha resultado ser el mejor aliado de los pederastas.

La facilidad con la que cualquier persona accede a la información contenida en internet es abrumadora. Debe ser prioritario para cualquier padre o madre de familia mantenerse alertas y usar filtros adecuados que impidan que los niños observen contenidos que, primero, tal vez los asusten, pero que después busquen más por curiosidad, y sutilmente, como un virus contagioso, se asiente en su mente, enganchándolos ante una novedad inquietante. Algunos padres, muy cercanos a sus hijos y a lo que miran y juegan, se han percatado que existen videos, aparentemente inocuos, donde saltan imágenes que los mismos depredadores sexuales están subiendo.

En 2006 solamente 27 de los 184 estados miembros de INTERPOL contaban con una adecuada legislación para combatir los delitos de material de abuso sexual infantil. En 2018 este número de países aumentó a 118. Pero a pesar de este desarrollo positivo, 18 países no tenían ninguna legislación, mientras que 62 países disponían de recursos legales insuficientes para abordar el abuso, según información proporcionada por ECPAT.

Según la Encuesta Nacional sobre Uso y Disponibilidad de Tecnologías de la Información en los Hogares (ENDUTIH) del INEGI: "21% de la población de 12 años y más usuaria de internet, fue víctima de ciberacoso entre octubre de 2019 y noviembre de 2020. Principalmente las mujeres recibieron insinuaciones o propuestas sexuales (35.9%), mientras que, en el caso de los hombres, fue el contacto mediante identidades falsas (37.1%)". Informa que la mayor prevalencia de ciberacoso se registró en Colima, Tabasco y Tlaxcala. 75% de la población de 12 años y más utilizó internet en cualquier dispositivo en el período comprendido entre julio y noviembre de 2020, esto representa a 77.6 millones de personas en el país. Y estas cifras invisibilizan a los menores de 12 años, que se comprobó durante la pandemia, estaban interactuando hasta tres horas al día. Sin embargo, en otros datos señala que existen 21.3 millones de niños entre 6 y 17 años que ya son internautas, contando con una herramienta tecnológica. Y de ellos, 9 millones pertenecen al rango de 6 a 11 años. Entre estas cifras se estima que cuatro de cada diez menores son propensos a compartir contenido delicado, información personal e íntima que puede vulnerarlos ante un posible ciberdelincuente presente en lugares de intercambio de mensajes, como los videojuegos.

Ana de Saracho, quien es directora de Asuntos Públicos y Regulación y Negocios Mayorista de Movistar México, afirma que, como proveedores de servicios, cuentan como algo prioritario la prevención, capacitando a los niños con campañas como el video corto "Lovestory", merecedor del premio Caracol de Plata, donde alerta a los niños sobre el grooming. Reciben también listas de sitios a nivel mundial con contenido de MASI que son bloqueadas, y hasta hoy son ya 700 mil los que han detectado, impidiendo que sigan en las redes. Como empresa están generando conciencia en las personas para que denuncien cuando se encuentren ese tipo de material.

Recordemos que esos criminales que producen y consumen el MASI tienen poderosas razones para mantenerse lejos de la ley, se ven favorecidos de una actividad sumamente rentable por su origen, destino y multiplicación a nivel global. Actúan de muchas maneras, desde la venta de servicios en *live streaming*, dando acceso para observar un abuso sexual de niños en línea, manejados como marionetas, propiciando la extorsión, la "pornovenganza", el ciberbullying sexual, las amenazas, la prostitución infantil y la trata de personas, por mencionar las principales actividades, aunque, según Ana Saracho, hay más.

Dushica Naumovska, quien es Chief Operating Officer de International Association of Internet Hotlines, INHOPE, afirma que la asociación, basada en Holanda, en el 2021 registró en línea más de un millón de esas imágenes y videos, eliminando 62 por ciento tres días después de haberse localizado:

> Si montar ese material es instantáneo, bajarlo no es tan simple. El trabajo consiste en analizar cada uno de los reportes, antes de borrar el material, lo cual ralentiza la eliminación. Además, existen proveedores que no los quitan tan rápidamente.
>
> Lo más importante, cuando hablamos de un crimen como el MASI en internet, es no olvidar que se trata de un delito trasnacional. Existen países que cuentan con una buena infraestructura de hospedaje (hosting) que alojan las páginas web, que pueden ser vistas por cualquier usuario que navega por algún dominio de internet, pero eso no quiere decir que ahí se esté produciendo. Si alguien quiere un sitio web seguro, puede buscarlo en Holanda, Estados Unidos, Japón u otro lugar, y en forma sencilla lo contrata y mensualmente paga por ese servicio online. Las compañías no necesariamente se enteran del tipo de material que está en sus servidores. Son los organismos encargados de las líneas de reporte quienes pedirán a INTERPOL que se elimine lo más pronto posible. Esta es una parte del trabajo para eliminar las dañosas imágenes.

Analistas de INHOPE se dedican a confirmar si se trata o no de material de abuso sexual infantil.

Y es que, mientras están eliminándose en un lado, los delincuentes están nutriendo de material otro sitio, lo cual torna la tarea abrumadora, laboriosa y monumental. El reto es desaparecer ese material lo antes posible, para evitar que siga transitando en la red, ubicando, como primer paso, el servidor donde ese material está alojado.

El primer paso es la creación del material, videos e imágenes de menores en actividades sexuales. El segundo paso es despachar vía internet ese MASI a otro país, donde se aloja en un servidor. Y el tercer paso es enviarlo a otro país donde se consume y distribuye a cualquier sitio del mundo.

Lo más importante es denunciar. Por ejemplo, si lo vemos en Australia, para quitarlo de internet en México tiene que haber alguien responsable, ciudadano u organismo, que se ponga en contacto con la línea de reporte virtual, como INHOPE, cuya información localizada al final se comparte con la Guardia Nacional, quien se encargará de ubicar a la víctima y al agresor. Esto último es una de las tareas más complicadas, para los gobiernos.

De ahí la importancia de que todos colaboremos y que haya más alianzas entre países, entre gobiernos, entre líneas de reporte virtual, para combatirla. En todos los países del mundo, según esos criterios de INTERPOL, el contenido sexual en internet con niños menores de trece años debe estar prohibido, dejando la decisión de penalizarlo o no cuando las víctimas tengan entre 13 y 18 años. Actualmente la decisión está en manos de los legisladores de cada país. Pero el criterio que debe homologarse en todo el mundo es que sea prohibido hasta que los menores cumplan 18 años. Que se castigue el delito con los menores hasta su mayoría de edad. Eso sería lo ideal.

Una de las razones que mueven a Dushica a combatir ese ciberdelito sexual es que la imaginería popular supone que el ASI a través de las redes no repercute en la mente de los más pequeños de la misma manera que físicamente, pero esto es un error:

Se ha comprobado que los niños sufren las mismas consecuencias emocionales, sea como sea. Pero, en estos casos debemos sumar algo más peligroso. Al ASI en internet, a diferencia del físico, se le debe agregar lo que los especialistas señalan como "incidentes colaterales", es decir, puertas por la que se llega al secuestro, a la prostitución, extorsión y al delito de trata.

Algunos han sugerido que el ASI podría considerarse algún día como una preferencia sexual más, que podría naturalizarse la pederastia. Pero no, por eso estamos trabajando para que no se normalice, que la gente tenga la conciencia, que se trata de un abuso de poder, que un niño no tiene la madurez para dar su consentimiento. No podemos permitirlo. Nunca.

Las investigaciones en torno a los perpetradores nos hablan de gente que padece algún trauma de origen sexual en su vida y que viven, generalmente, solos, que no tienen trabajo, que se mantienen sin mucho contacto con la comunidad. Lo que se debe hacer es apoyar a esos pedófilos que están conscientes de su proclividad y no quieren llegar a cometer algún atentado contra un menor.

Hay servicios que se están ofreciendo a ese tipo de personas, terapias psicológicas tendientes a la contención de sus instintos, para evitar que cometan el delito de la pederastia. A través de hotlines que han instalado países como Inglaterra, Holanda y Alemania, los pedófilos solicitan ayuda porque saben que se trata de un trastorno. El pedófilo no puede considerarse un criminal, si bien es una persona que tiene gusto por los niños, no llega a tocarlos ni a ningún tipo de actitud de tipo sexual, al contrario de los pederastas, que son aquellos que delinquen, consumando el acto sexual o los toqueteos contra los menores. Es diferente. La pedofilia, no es un crimen, espero no se malinterpreten mis palabras.

Para que mejor entendamos qué es la pedofilia, acudimos a la definición que da la Organización Mundial de la Salud, OMS, que la considera como un trastorno sexual que se caracteriza por la presencia de fantasías, impulsos o comportamientos sexualmente excitantes, recurrentes e intensos, relacionados con los niños, por lo general hasta los 13 años.

Otro enemigo vigente en todo el mundo es la iniciativa de personas que abiertamente están luchando desde hace años en la legalización de relaciones sexuales de adultos con menores de edad. Entre esos promotores se encuentra un holandés que lidera una asociación de pedófilos desde el 2014, prohibida, por cierto, en los Países Bajos. Dicha asociación ha pregonado a diestro y siniestro que sean los propios niños quienes decidan si desean tener relaciones sexuales con los adultos. En el 2021 fue arrestado por poseer más de 10 mil imágenes de material sexual infantil. Este tipo usó el seudónimo "Frente de Liberación Infantil", promoviendo la campaña "PedoPrisa", ya que se considera él mismo un pedófilo, preferencia sexual que no constituye materia de delito, a diferencia de la pederastia, que sí es punible. Por cierto, mientras ese neerlandés, llamado Nelson, estaba a la espera de un juicio por habérsele encontrado el arsenal de imágenes de MASI, huyó de Holanda y se sabe que pidió asilo político en México.

En México han estado trabajando grupos como el MAP (Movimiento Activista Pedófilo) y MOP (Movimiento de Orgullo Pedófilo) por la normalización de la pedofilia, sin éxito.

Como nos dimos cuenta, muchos de estos crímenes se están transmitiendo vía *streaming*, de ahí la necesidad de contar con una línea de reporte, que ya está funcionando en el país: Te Protejo México trabaja como filial de INHOPE desde diciembre del 2021. A esta organización internacional, como línea de denuncia virtual, están afiliados 46 países, trabajando con la policía internacional, INTERPOL, para la persecución de los productores y consumidores del material de abuso sexual comercial.

La coordinadora de Te Protejo México, Daniela Calvillo, insiste en puntualizar el llamamiento internacional de utilizar el término MASI y nunca más pornografía infantil:

> Porque al usar el término pornografía infantil minimizamos el delito, los delitos que hay detrás de cada foto, de cada video. Aunque sabemos que en las leyes de muchos países, incluyendo México, aún sigue tipificado como pornografía infantil. Al ser una lucha frontal contra los traficantes de MASI que pululan en todo el mundo, se ha visto la necesidad de modificar términos, leyes, unificar legislaciones para combatir a ese enemigo común.
>
> Si un ciudadano al estar navegando en internet se da cuenta de alguna fotografía o video de menores desnudos o en situaciones sexuales con otro niño o con un adulto, imágenes que se están viralizando, lo que tiene que hacer es ingresar a la línea de reporte, www.teprotejomexico.org, donde aparecen

tres categorías de reporte: la primera se refiere específicamente al MASI, la segunda a la explotación sexual infantil, y la tercera a "otras situaciones", esta última se agregó luego de recibir reportes de ciberacoso, ciberbullying, extorsión, pornovenganzas, amenazas, etcétera. Al entrar en materia, le piden al usuario la URL de la página. Y algo importante que la gente debe saber es que su denuncia es anónima, si así lo decide, esta es una opción que da confianza a los denunciantes.

El proceso que sigue el reporte luego de que una persona lo ha enviado, es recibido por un equipo de analistas, capacitados por INHOPE ICCAM, quienes clasificarán de acuerdo a criterios dictados por la policía internacional, que se pueden aplicar en todo el mundo.

Luego del análisis del material, y la categorización, suben la información a INTERPOL a través del portal ICCAM, que permite el intercambio seguro de material de ASI entre diferentes países con el objetivo de eliminarlo rápidamente de internet, clasificándolos de acuerdo a los estándares de INTERPOL y con las leyes nacionales, todo en un solo sistema. El ICCAM lo descarga y lo inserta en su base de datos internacional de imágenes sobre explotación sexual infantil. Es una herramienta accesible a todas las líneas directas de los países miembros de INHOPE y organismos autorizados como Te Protejo México. Esto permite que todo el material que aparezca escale hacia las fuerzas policiacas para que puedan identificar tanto a las víctimas como a los infractores. Es una plataforma muy potente desarrollada con recursos de la Unión Europea para lograr un internet más seguro para las infancias, agilizando el flujo y la evaluación de contenidos de las líneas directas con el objetivo de eliminar rápidamente el material. Esta herramienta ha permitido el desarrollo de estadísticas sólidas, a nivel mundial.

En INHOPE están conectados más de 200 analistas a nivel mundial y cuenta con 50 líneas de reporte en 46 países. Algunos países tienen hasta dos líneas de reporte, como Alemania. La diferencia con otras líneas, como la canadiense Aracnid, es que la de México —y en general todas las líneas de INHOPE— no trabajan con las redes profundas, como deep web, sino que lo hacen a través de clear net, que es el servicio de internet que se usa todos los días, en todas las plataformas, en cualquier página de correo. Aracnid averigua en las dos: deep web y clear net.

Tras haber analizado el material, se determina en qué país está el servidor que alberga este material. Si se encontrara un servidor en suelo mexicano, lo que se hace es dar aviso a la Guardia Nacional, para que desde ahí se haga el proceso de eliminación de esa foto o video donde están siendo alojados. Según Calvillo:

La grandeza del proyecto es que estamos ya tantos países unidos que al detectarse MASI en algún servidor, los encargados harán todo el proceso con las autoridades de aquel país y lo eliminarán. Es así como se logra la eliminación. No se trata de un bloqueo a nivel nacional, que es lo que puede hacer una oficina de ciberdelitos en cada país, sino de su bloqueo total.

Por ejemplo, si la foto de mi hija está alojada en Australia, la policía mexicana no podrá hacer nada, no tiene injerencia en otros países. Esa foto o video, para ser eliminada a nivel mundial, se tiene que eliminar del servidor en donde está alojado, y no "bloquearla" como se haría a nivel nacional.

No es que un país sea bueno o malo por alojar en sus servidores MASI, sino que tienen más capacidad tecnológica en sus empresas que se dedican al hosting. El material puede estar alojado en Estados Unidos, allá la línea de reporte hace lo procedente para eliminarlo, una vez que eso sucede, los analistas de ICCAM ven el estatus que está siguiendo cada reporte hasta que esté eliminado, y se da aviso al país donde se generó.

La idea es que cada vez se reduzca más el tiempo de eliminación, por ello Te Protejo Mexico, está trabajando mucho en la sensibilización y prevención en los NNA, que se den cuenta que todos los pederastas y agresores están a la caza de víctimas en línea.

Algo que alarma es la autoproducción de MASI, por parte de estos menores. De ahí la necesidad de que los chicos sepan que al dar un click en "send", al enviar, ya no es el dueño de esa foto o video, que puede hacerse viral, y saber que, además, es un delito. Todos debemos saber que la producción, la posesión y la distribución, son delitos. Que entiendan que no es nada gracioso, sino que está mal y es un delito.

Las políticas de protección de las empresas como Facebook, Twitter, TikTok, Instagram, YouTube, son aliados de INHOPE, y tienen canales de comunicación para recibir sus reportes sobre el MASI. Es un trabajo en red, organizado para blindarnos contra ese material en internet. Además, nuestra línea virtual trabaja codo a codo con la Secretaría de Seguridad y la Guardia Nacional en sus áreas de ciberseguridad. Estas instancias también están recibiendo reportes ciudadanos.

Lo importante es el impacto que se está logrando, por ejemplo, en Facebook, que cuenta con canales de seguridad, implementando cada día nuevas tecnologías, detectando el momento en que alguien intenta subir una foto o video de un abuso contra menores. Cuando eso ocurre, salta una alerta que dice que eso que vas a publicar no es posible, porque se trata de un delito.

Celebra Daniela Calvillo que cada quien desde su trinchera esté haciendo su mejor esfuerzo, su mejor trabajo, tratando de combatir el flagelo de manera eficaz, unidos. Si los padres de familia quieren saber qué tan expuestos están sus hijos a recibir contenidos sexuales, es importante que sigan a los YouTubers o influencers que más les gustan, que revisen qué clase de información publican y qué tan segura es para sus hijos.

Te Protejo Colombia

Hay acciones de origen ciudadano, que bien merecen replicarse en todo el mundo, como la Red PaPaz, nacida el año 2003. Son padres y madres cuidadores: "Con el propósito de abogar por la protección de los derechos de los niños, niñas y adolescentes en Colombia y América Latina y fortalecer las capacidades de los adultos actores sociales para garantizar su efectivo cumplimiento". Cuenta ya con la vinculación de 555 instituciones educativas y de cuidado, de las que 51 por ciento, son oficiales.

La Red PaPaz, por buenas prácticas probadas, y la conciencia que ha despertado en la necesidad de establecer mecanismos para la seguridad integral de los NNA, es hoy un referente nacional e internacional. Se trata de una organización no lucrativa que ha ido creciendo a través de varios proyectos y estrategias, entre ellos, Viguías (Centro de Internet Seguro).

Los padres y madres se dieron cuenta que, aunque el grueso de delitos de abuso sexual infantil ha sido siempre en el entorno físico y familiar, la era digital traía aparejados ciertos factores de riesgo. En 2012 se inició la búsqueda de protocolos que pudieran evitar agresiones sexuales en línea. Pero no contaban con las herramientas tecnológicas ni personal adecuado.

Red PaPaz tenía muy claro que no bastaba con la detención del delincuente, que, si bien se le fincaba una responsabilidad penal por esos videos y fotografías, tipificados en Colombia como pornografía infantil, ese material seguía en la web. Les preocupaba que los chicos volvieran a encontrarse con el material y reavivaran con ello su desgraciada experiencia. Buscaron la forma de resolverlo.

Fue así como la Red PaPaz se contactó con la línea de reporte INHOPE y se creó Te Protejo Colombia, convertida hoy en Te Protejo Latino, que además del apoyo terapéutico a las víctimas de manera inmediata que ya ofrecían, ha ido multiplicando sus alcances. Explica lo anterior Judith Benavides, quien es la representante de Te Protejo Colombia:

> Para los niños y niñas era una experiencia brutal ver que sus imágenes con contenidos sexuales permanecían en internet. Pese a que ya habían recibido terapia psicológica y que parecía que habían superado el problema, más fortalecidos, volvían al punto cero.
>
> Es necesario que entendamos que el MASI es un crimen y como tal debe ser tipificado en la ley. Es así como empezamos a tener rutas de acción. Si no existe una legislación, una penalización contra ese delito, seguirá pasando, sin consecuencias.
>
> En Colombia el delito se tipifica como pornografía con menores de 18 años, aunque ya no usamos "pornografía", porque esa práctica implica consentimiento entre adultos, y los niños bajo ninguna circunstancia pueden participar de manera consentida y consciente de lo que significa. Por ello hablamos de MASI.

Otros países, como Colombia, se han afiliado a INHOPE, entre ellos Brasil y ahora México, como primer paso para lograr Te Protejo Latino, un ambicioso proyecto que busca debilitar el arraigado negocio digital del MASI. Su interés es materializar lo que ya es una realidad en Europa, donde la mayoría de los países cuentan con líneas de reporte. Se pretende que esta idea se extienda en toda América Latina y el Caribe.

Lo que prevalece en el mundo, lo sabemos, es el abuso sexual infantil, generado en más del 80 por ciento por los propios cercanos de los niños. No proviene de extraños, de gente que sale de la nada, sino que forman parte del entorno de cuidado de los niños. En internet no es muy diferente, no es precisamente el entorno de los cercanos, pero la persona que se convierte en agresor fue un extraño que se fue ganando la confianza los niños. Todo el marco donde se genera el ASI proviene de personas que le dan al niño la sensación de que es un amigo en el que se puede confiar. Y hoy el internet es el mejor vehículo para atraer a sus víctimas, facilitando sus ruindades. O sea que potencialmente son dos, y no uno, los ámbitos de riesgo para los menores de edad, gracias a esta era digital. Por ello la Red Papaz hace un trabajo importante con las familias, dando el mensaje y las reglas que deben enseñarles a los hijos, para defenderlos del abuso, en el entorno digital: "Queremos que los padres y madres se empoderen del discurso de acompañamiento, a pesar de que desconozcan muchas de las herramientas usadas en internet. Insistir en enseñar a los menores todas las precauciones que deben tomarse al entregarles algún dispositivo móvil".

Cuando empezaron, en el 2012, con la línea de reporte, recibían unos 400 reportes de material de explotación sexual al año. En 2021 cerraron con una cifra que espantó a los padres y madres: 28 mil reportes. Resultado, sin duda, del crecimiento del número de personas que se contactan con las líneas de Te Protejo Latino, más conscientes de que existe en la red un enemigo invisible que está apabullando a los pequeños. Ahora saben que se trata de un delito y de cómo deben canalizar sus denuncias. Hay una ruta a seguir: "En los últimos tres años nos dimos cuenta que este fenómeno del MASI es más común y que de inmediato debemos reportarlo", dice Judith Benavides.

En ese país sudamericano, enlistaron siete modalidades de reporte, de las cuales tres y media se refieren a entornos digitales: explotación sexual de NNA (pornografía infantil o MASI), explotación sexual comercial, ciberacoso, intimidación escolar, venta de tabaco, alcohol y otras drogas, maltrato, abuso y trabajo infantil, y otras situaciones. Así, al hacer un recuento de cada uno de los reportes obtenidos, comprobaron que 96% de los casos había sucedido en internet, lo cual habla de una migración de los ataques a los menores del entorno físico al digital. Por lo tanto, dieron una pantalla especial a lo que pasa por internet. Durante los últimos años han conseguido muy buenos resultados: detectaron 86 mil 661 imágenes de explotación sexual infantil que fueron desmontadas por INHOPE y se bloquearon 20 mil 927 páginas web con imágenes de explotación sexual infantil, entre otros datos.

La violencia sexual sigue predominantemente atacando a las mujeres. Para la líder colombiana, el porcentaje de reportes concernientes a niñas y adolescentes supera 96%. Y al hablar de los menores y adolescentes hombres, hay dos temas en referencia a la masculinidad: el primero es que existe la creencia de que si un niño, como hombre, comparte un contenido sexual, podría no tener las mismas consecuencias que en las mujeres, el mismo daño a su reputación, la misma sanción social. Y esa creencia puede ser la razón de que tengamos menos reportes de los varones. Eso es un desconocimiento de lo que implica el ASI. Judith Benavides explica:

Lo que pasa es que se le presta menos atención. Por ello la sanción social hacia los adolescentes hombres, para los niños, que comparten contenidos o son víctimas de violencia sexual, es muy distinta a la de las mujeres. En efecto, tenemos más cifras de niñas y adolescentes registrados, pero no necesariamente significa que tengamos menos niños abusados sexualmente, sino que estamos incidiendo menos para que ellos también reconozcan el abuso y lo reporten.

Nos toca a todos darnos cuenta de que internet tiene exactamente las mismas implicaciones en términos de abuso sexual que las que puede tener en el entorno físico. Quitarnos de la cabeza esa noción de que como sucede en internet puede esperar, atenderse más tarde. Porque las consecuencias que genera a un niño, a una niña, son exactamente las mismas: ansiedad, depresión, empiezan a sentirse perseguidos, con el agravante de que al compartir contenidos te los puedes volver a encontrar, así pasen los años, por tanto, reviven esa situación. Aquí radica la importancia de las autoridades, que su respuesta sea muy rápida, inmediata. Porque así como se comparte un contenido de 80, 100 páginas, en cinco minutos, el tiempo para desmontarlo puede llevar dos o tres días. Y el impacto de la demora en bajar contenidos propicia que los ciberdelincuentes en ese mismo lapso estén subiendo más material.

Las autoridades son determinantes en la activación de la ruta, porque al final del día lo que se hace es identificar qué pasa, identificar víctimas y agresores, y en cada país, es a través de las Fiscalías que se lleva a cabo esta tarea. Porque si bien podemos identificar a la víctima, al agresor, quien realmente se encarga del proceso son los que aplican la Ley.

Internet es algo que apenas estamos entendiendo, y hablando de las autoridades, más aún. Nos hace falta trabajar muchísimo, tener muy claro que el tiempo es importante, la acción debe ser inmediata, la agilización de la búsqueda y la atención a las víctimas. Al estar incorporados a la red internacional de líneas de reporte, INHOPE, se facilita la comunicación, sin necesidad de ir a Holanda y decir: "Mire hay esta plataforma con MASI, ayúdenos a eliminarla". Tras haber creado sus propias aplicaciones, Te Protejo Colombia, Brasil, México, se abrieron los canales directos de comunicación que facilitan los procesos, y corresponde a cada uno gestionar los casos.

La divulgación que hizo al principio de su fundación la Red PaPaz, hasta llegar a la línea de reportes, inició con la educación sexual y la prevención del ASI, sin importar la circunstancia donde suceda. Dice Judith Benavides:

Ahora sabemos que el acompañamiento a un menor que ha pasado por el ASI en internet no termina con el apoyo terapéutico, sino que además de eso es necesaria la eliminación del material. Algo que nos ha tomado años es despertar conciencia en las autoridades, sobre todo, que no pueden quedarse en entornos físicos o analógicos, sino que deben ir más allá. Esto ha sido determinante en los diez años de operación: uno, hacer conciencia de lo que significa el ASI; y dos, hacer algo en referencia para aportar más en el tema.

El abuso sexual no es una problemática exclusiva de un país, sino que alrededor del globo terráqueo está sucediendo, y por supuesto Latinoamérica es una región en la que predomina la vulneración contra los derechos humanos de niñas, niños y adolescentes, que están siendo videograbados y circulando en todo el mundo, por ello debemos trabajar más en su protección.

Nadie como él
para comprenderlo

"¿Cómo hubiera sido tu vida si nunca te hubieras enfrentado al abuso sexual cuando eras niño?", pregunto a un hombre que nació en 1976, en un entorno familiar afortunado, que le brindó amor, atención, valores, apoyos y estímulos a manos llenas. Un ambiente ideal para cumplir su sueño: convertirse en campeón mundial de tenis.

Eduardo empezó a practicar el tenis a los 8 años. A los 11 años lo enviaron a Florida, donde asistió a la academia IMG, de Nick Bollettieri, considerada de las mejores del mundo. Al tiempo que recibía entrenamiento para mejorar sus técnicas deportivas con los más reconocidos maestros, estudió el quinto grado de primaria. La academia de tenis a la que enviaron a Eduardo es la misma a la que acudieron afamados tenistas que llegaron a ser número uno en el mundo, como Mónica Seles, María Sharapova y André Agassi, con quien coincidió.

Era una entrega apasionada, sentía que el tenis era lo que más amaba en la vida y que nunca abandonaría su práctica.

Ansiaba estar en las canchas, ser el mejor, y con entrenadores de talla mundial, pensaba que sus sueños se cumplirían sin duda. Y es que de ser el mejor de la escuela en su ciudad, en Guadalajara, a los 12 años, mostraba ya sus grandes habilidades y obtuvo el título de campeón nacional de tenis, triunfos que se dan poco entre los niños. El camino se llenaba de expectativas, de oportunidades que lo iban acercando a sus metas.

Como campeón nacional, le concedieron una beca. Gracias al intercambio entre la Federación de Tenis de Alemania y la de México, lo programaron para que al terminar sexto año de primaria se fuera a estudiar y entrenarse en Colonia, Alemania, en la misma academia de donde había salido el famoso tenista Boris Becker.

Todo giraba alrededor de ese futuro campeón. Hasta el chico que sería su compañero de habitación estaba designado a la medida del proyecto. Lo acomodaron en una familia cuyo hijo era también campeón nacional de ese deporte en Alemania. Quisieron reunir al campeón juvenil de México y al de Alemania para su preparación.

La pareja alemana que lo recibió en Colonia, Alemania, había programado toda la vida de su hijo: sería el sucesor de Boris Becker. Incluso elegir a Eduardo de compañero era parte del plan para su hijo, alguien con el mismo alto rendimiento que el joven alemán. Lo que nadie imaginaba ni estaba programado es que el padre llegara alcoholizado por las noches, entrara a la habitación donde también dormía su hijo, y abusara de Eduardo:

> Era una casa de un solo piso, dos habitaciones, una para la pareja y otra para nosotros, dos camas divididas por un librero. Llegaba directamente conmigo. Una vez se dio cuenta Rene,

que así se llama el hijo, y fue con su mamá a contarle todo lo que había visto. La madre empezó a vociferar contra el marido. La verdad no tengo los recuerdos tan claros de esos meses que pasé en esa casa. Pero la mamá tuvo miedo de acusar al esposo ante la policía, no podía soportar el escándalo que causaría sacar a la luz semejante monstruosidad. Se calló la boca.

Es algo que ya lo han tocado algunos psicólogos, de cómo la mente puede llegar a bloquear cualquier recuerdo, como un instinto de supervivencia. Aunque cada caso es diferente, esa familia era lo más cercano que tenía, estaba solo y en un país lejano a casa. Mis padres tenían las mejores intenciones, la confianza; se trataba de un intercambio estudiantil, de una rica experiencia de vida para un chico. Pero a mí me confundió totalmente. No sabía si ellos me querían, o si se deshicieron de mí; y por eso me enviaron allá. Me cuestioné con fuerza y años después durante mis procesos de sanación, me culpaba insistentemente. Me pregunté mil veces ¿por qué no lo denuncié, en la escuela, a la policía, por qué no lo dije a mis papás de inmediato? Opté por lo que vi más fácil: vivirlo calladamente. Me aislé. Me anestesié. Me salí de mi cuerpo, y me dije, yo no siento nada. Mis recuerdos, mis sentimientos quedaron arrinconados en algún lugar del subconsciente.

No sé qué tan frecuentes fueron las agresiones. A ese grado opté por olvidarlo. Como si no hubiera pasado nada. En mi caso, no fue importante la frecuencia, sino que cuando sucedió la primera vez, me generó mucho estrés, mucho temor, estaba viviendo algo inesperado. Y me cambió la vida para siempre. Yo me encerré en una burbuja. Lo que no se desaparecía era el miedo. A las nueve de la noche, me acostaba viendo el techo y escuchando todos los ruidos, porque ese hombre podría entrar en cualquier momento.

Nunca me enteré si el pederasta abusaba de su propio hijo, ni si René fue por fin campeón. No creo. Lo he buscado en internet. No está en ninguna red social, en ningún ranking ni de juveniles ni de profesionales, creo que no llegó a serlo. Lo curioso es que seguí teniendo contacto con ellos. Mis papás en agradecimiento los invitaron a México, seis meses después. Estuvieron quince días, una semana en mi casa y otra en Puerto Vallarta. Iban también mis mejores amigos de la escuela que hablaban alemán, para que convivieran con ellos.

La pregunta que sigue haciéndose Eduardo es ¿cómo se atrevió a venir a su casa el agresor? La vida de Eduardo ha sido muy favorecida. Nació dentro de una familia muy unida y próspera, tiene dos hermanas más. Estudió en las mejores escuelas privadas, como el Colegio Alemán, de Guadalajara. Habla tres idiomas. Era un excelente estudiante.

Al referirse a su agresor recuerda cómo a aquel hombre le gustaba platicar con él, un chico bien informado, gracias a sus muchas lecturas y viajes que le proporcionaban sus padres. Por eso se enteró que ese alemán era producto de la Segunda Guerra Mundial, que corría a los refugios subterráneos al sonar las alarmas que anunciaban bombardeos. El hombre se ponía muy sentimental al recordar aquellos episodios. Más cuando en uno de los bombardeos, luego de haber estado jugando con su mejor amigo de la infancia, al salir del refugio, el niño, su compañero entrañable, estaba muerto. Vivió pues la guerra entre Rusia y Alemania. Tal vez esos dramas generaron ese agresor sexual, según Eduardo. Era de Alemania Oriental y al crecer, cruzó solitario el muro de Berlín. Al encontrarse con la que sería su esposa, la mamá del chico tenista, decidieron hacer un "pacto": procrear un hijo, convertirlo en campeón y que los sacara de la pobreza. Ese era el secreto anhelo de un matrimonio muy arreglado. Desde su concepción, su hijo estaba destinado a ser tenista. Medían sus huesos, controlaban su alimentación, llevando con una puntillosa disciplina la vida del menor. Todo estaba programado, hasta el haber solicitado que el compañero de su hijo en aquel intercambio fuera el número uno juvenil, un campeón nacional. Eso ocurrió en 1989.

A su regreso a México, lo más importante para los padres de Eduardo era ver cómo estaba su nivel tenístico. Ese mismo día lo llevaron a la cancha. Querían verlo jugar. Apareció en la portada de una revista deportiva a nivel nacional que anunciaba con letras grandes: "¡Eduardo Cruz regresa triunfando!" Apareció en muchas revistas, periódicos, lo entrevistaban. No era muy común que un niño se fuera a Europa, a Estados Unidos, becado por su excelencia deportiva. Todos decían que le esperaba un futuro brillante.

En Colonia se había dedicado más a entrenar, porque parecía una consigna de los padres de René que no jugara en los torneos. "Oye, no hubo lugar para ti", le decían, aunque jugaban en diferentes categorías, Eduardo en la 12-14 y René en la de 12 años. Según Eduardo era para resguardar a su hijo de alguien que lo pudiera superar.

Cuando Eduardo dice que le cambió la vida para siempre aquella triste experiencia en Alemania, tenía razón:

Ya no quiero jugar tenis, ya no quiero estar en el Colegio Alemán, dije a mi regreso. Empecé a llorar todas las noches, no sabía por qué. No quería ver a mis amigos. Yo, que vivía para el tenis, que al llegar a la cancha me sentía en el cielo, pudiendo estar hasta ocho, diez horas entrenando, me negaba a jugar.

Mis papás me llevaron a un psicólogo especialista en niños con alto rendimiento deportivo, sin resultados, luego a otro, y otro, así, durante dos años. No hubo ninguno que me llevara a hablar de otra cosa que no fuera: "¿Por qué no quieres jugar tenis?" Ahora digo, cuánta ignorancia y desinformación en ellos. Y es que realmente no había expertos que trataran el abuso sexual infantil. Sin embargo, seguí yendo a las canchas, a los torneos, aunque sufriera mucho, porque era espantoso para mí. Y empecé con un patrón muy singular: si ya estaba en semifinales, perdía. No lo hacía a propósito, más bien, fue inconsciente, porque para mí era terrible perder. Me empecé a culpar por no ser como antes. Me preguntaba: ¿Por qué me falta ese amor al deporte? Hasta que mis papás me cambiaron de escuela, para que dejara de llorar, dejando a mis amigos de toda mi vida. Durante 15 años no volví a hablar con ellos, pero esto no me ayudó a sentirme mejor.

Lo que hice fue meterme mucho a estudiar religión, enganchándome con la prohibición. Me dije, esta es mi área, no quiero que nadie me toque, que ninguna chica me guste, no quería enamorarme. Esto me cuadra, decía yo. Porque tocar a alguna mujer, besarla, era malo, según mis nuevas creencias. De los 14 a los 18 mi idea era suicidarme. Ya no quería vivir, tuve casi diez intentos de quitarme la vida. En casa había un escondite donde se guardaba una pistola, por protección. Yo la encontré y la tuve conmigo cuatro años, y cada vez que me deprimía, cuando perdía un partido o reprobaba un examen, regresaba a casa y me ponía la pistola en la boca, jalaba el gatillo y en el último momento, no podía hacerlo. Varios años después mis padres descubrieron que yo había escondido la pistola. Pero seguí intentándolo de otras formas. Llegué a balancearme en la azotea de mi casa, aunque al minuto final me daba miedo. Luego me recriminaba porque no podía matarme. Pese a la idea tan recurrente en mí de que ya no quería vivir, me faltaba el valor, el coraje para culminarlo. Dejé de jugar tenis a los 15 años. Muy decidido, le entregué las raquetas a mi papá. Ya no quiero jugar tenis, le dije. Mi padre, muy encolerizado dejó de hablarme durante tres años. No admitía que yo abandonara el tenis.

Eduardo quiso estudiar Psicología o Filosofía e irse a la Ciudad de México para conseguirlo. Pero su padre tampoco esperaba eso de él. Quería que siguiera su mismo camino y se convirtiera en ingeniero civil. La respuesta hacia su hijo fue tajante: "Estudia lo que quieras, tú verás cómo le haces. No te voy a dar un centavo". El joven Eduardo, ante tal disyuntiva, no le quedó otra que resignarse y estudiar lo que su padre anhelaba.

Ya en la carrera, el entrenador de la Universidad Panamericana, donde estudió Eduardo le dijo: "Si regresas a jugar tenis, te otorgamos una beca". La tentadora oferta fue aceptada por Eduardo, quien a la par de su currículo, entrenaba y participaba en torneos interuniversitarios. Familiares y amigos creyeron que Eduardo había vuelto a la vida, a ser como antes, un campeón. "Pero yo traía mi propio infierno. Ni la carrera, ni el juego, me llenaban. Vivía en un estado de perturbación constante. Tenía 17 años y seguía yendo al psicólogo, en busca de respuestas".

Siempre ha sido tranquilo, callado, observador. Vivía en una zona de adinerados, en una casa con cancha de tenis, piscina, servidumbre, auto propio, o sea, tenía todo para lograr sus metas. Pero él no quería sobresalir. Y la lectura se volvió su droga. Empezó a llenarse de odio, de rencor contra el tenis, la escuela, la Iglesia, todo:

Con todo el odio adentro, me dije: voy a ser un hombre muy rico, millonario. Inicié una empresa constructora con un socio muy ambicioso, más que yo. Me obsesioné por el dinero, planeaba juntar mucho y retirarme a los 40 años, para hacer —según yo— lo que quisiera, lo que más me gustaba, y ser feliz. Así que me puse a trabajar mucho, con todo.

Durante esos años entré a estudiar teología, porque odiaba mucho a la Iglesia. Y la razón de esa furia contra la religión fue que yo tenía una novia que un día me entregó una carta y desapareció. Me decía que se iba de supernumeraria y que ya no podíamos seguir juntos. Y yo achacaba a Dios que me la hubiera robado. ¿Dónde está ese Dios Todopoderoso, amoroso, que todo lo ve? Nada de eso es cierto, me repetía. A lo que seguía mi eterna jaculatoria: no quiero vivir, odio la vida, es horripilante vivir, ¿para qué me hiciste nacer? Detén mi corazón, que me dé un infarto, llévame, que me atropellen. Me subía a un avión, y deseaba que se cayera.

Desarrollé mucho odio contra la Iglesia. Leí mucho a Lutero y me decía, si él no pudo acabar con la Iglesia, yo sí lo voy a lograr. Me metí a la teología, encontrando muchas inconsistencias. Me sirvió muchísimo, coincidí con filósofos, sacerdotes, gente muy inteligente y conocedora. Me encantaba leer a Leonardo Boff, del movimiento de la Teología de la Liberación, a quien conocí tiempo después, cuando fui expositor con él en un encuentro, en Monterrey. Y poco a poco fui descubriendo mi parte espiritual, que yacía dormida. Boff escribió en un libro sobre cristología algo así: "Para Jesús, el mal no estaba ahí para ser comprendido, sino para ser asumido y vencido con el amor". Eso me revolucionó, porque en sus obras Boff escribe mucho sobre Jesús el hombre, con dudas, humano, y ahí me reconcilié con la religión, con Dios, porque entendí que no tenía por qué entenderlo todo, sino vivir en el amor.

Eduardo se casó a los 25 años y dice que fue otra forma de anestesiar el dolor:

> Me levantaba y me sentía sucio. Odiaba mi vida, aunque profesionalmente cada día obtenía más contratos. Nació mi hijo Lalo, que es como un clon mío. Un niño feliz, que al verlo me hacía recordar que así había sido yo, feliz, con una gran sonrisa. Lo envié al Colegio Alemán, como si con ello quisiera dar vuelta atrás y empezar mi proceso.
>
> Claudia y yo empezamos a tener problemas como pareja y queríamos salvar nuestro matrimonio, así que acudimos al psicólogo. Fue el mismo que me había tratado cuando tenía 19 años. Cuando llegamos con él, como mi mujer estaba embarazada del segundo bebé, le dijo: "Contigo no podemos hacer nada porque estás esperando, pero voy a trabajar con Eduardo. Acabo de aprender una técnica nueva que quiero aplicar". Pero no quise probar sus nuevas técnicas. No volví. Porque en aquella sesión diez años atrás, recordé que me había dicho: "En la próxima sesión, me vas a describir tu cuerpo. Necesito que lo hagas". Eso bastó para que yo no regresara.

No obstante, Eduardo volvió al consultorio cuando tenía 29 años:

> "No, no te voy a hacer hablar porque sales corriendo", me dijo el psicólogo. Pero vamos a probar una técnica corporal que puede ayudarte. Y empezó a presionar varios puntos de mi cuerpo. Durante seis meses estuve yendo. Prácticamente no hacía más. Ni notaba yo ningún cambio, pero hoy sé que estaba forzando mi cuerpo a que recordara.

En medio de eso, se me ocurre hacer un viaje a Europa del Este. Yo era asiduo a los libros de guerras, a las lecturas que hablaban de Hitler, a los campos de concentración y la Segunda Guerra Mundial, admiraba sus estrategias, de cómo había salido adelante siendo un niño que había sufrido mucho, como vagabundo, en albergues, sin una educación formal, que había aprendido todo en las bibliotecas. Empatizaba con ese niño que fue. Si él pudo, yo también puedo salir adelante. Así de absurdo era mi pensar. Me ilusionaba hacer ese recorrido. Era la primera vez que regresaba a Alemania, desde que tenía 13 años. Inconscientemente buscaba respuestas. Fuimos mi esposa y yo a Hungría, Auswitch, Cracovia, en Polonia. Fue entonces, durante ese periplo, justo cuando íbamos rumbo a Alemania, acercándonos a Berlín, cuando empecé a sentirme raro. No podía respirar, creí que iba a morir. Empecé a llorar, y era imparable, no podía contenerme. A la llegada, seguía llorando. No estaba en buena relación con mi esposa, así que me eché solito todo el proceso.

Cuando regresó a México, se lo contó todo al terapeuta, que casi grita ¡eureka!: "Te pasó algo en Alemania cuando eras niño. No sé qué es, ni tengo idea de cómo descubrirlo, pero allá pasó algo". O sea, casi veinte años después, se le vino de golpe un recuerdo difuso. Intuía que algo había pasado en Colonia, pero no había claridad en lo que pudiera ser. Hasta entonces nunca había estado consciente de nada. El terapeuta le advirtió: "Lo vas a soñar, ya estás listo". Se lo lanzó así para ver qué sucedía. Eso ocurrió tres meses después del viaje a Alemania.

En Navidad de ese año, fue a pasar las fiestas con su hermana a El Paso, Texas. Ahí estuvo vomitando todos los días, sin parar. No sabía por qué, si era intoxicación o qué. Pero fue el principio de la avalancha que le cayó encima:

Fue curioso, porque mientras vomitaba y respiraba, olía alcohol. Pero ese olor a borracho me hacía vomitar más. Empecé a tener sueños, y siempre aparecía el hombre, sus huaraches, su pene. Y durante el día llegaban como flashback imágenes con olor a alcohol. Algo aterrador. Imágenes en blanco y negro, que luego se coloreaban, y yo vomitando sin tregua. Me llené de ronchas. Era horrible. Me sentía tan mal que necesitaba beber, y me emborrachaba, y las imágenes llegaban en tropel. Mi cuerpo empezó a reaccionar, y cada vez iba recordando más. Primero fue el olor, y lo más potente que se me aparecía era el miedo aquel, el mismo que sentí en Colonia cuando por las noches entraba aquel hombre y me violaba. Surgía el enojo, la impotencia. Eso era lo más espeluznante. Más que físicamente, lo que más pesaba en mí era un terrible miedo. Porque el cuerpo no sentía, todo estaba en mi mente.

Eduardo hace una pequeña pausa, toma aire, respira profundamente y empieza, como si lo estuviera viviendo, a contarme lo que ha sido una de las experiencias más horripilantes de su vida: la regresión.

El terapeuta Güemez, en una sesión de dos horas, me fue llevando a esos momentos que había tratado de borrar de la mente: "Vamos a sacar al niño de aquella casa. Tú, como ya eres un adulto, vas a ir y lo vas a rescatar de aquella habitación".

Lo más espantoso fue cuando entré a la casa y me vi: un niño de 12 años llorando en una esquina, hecho bolita. Mientras, el psicólogo me decía:

—Agárralo de la mano y salte de ahí. ¡Cárgalo, aviéntalo afuera de la habitación! ¡Eres un adulto, hazlo ya!

—No puedo —gritaba yo desesperado, muy angustiado, lloroso.

—Túmbalo, aviéntalo —y yo seguía llorando sin parar, copiosamente.

—¡No puedo! —vociferaba.

Fue profundamente doloroso ese momento, hasta que, por fin, no sé cómo, pude entrar a la habitación y sacar a aquel niño.

—Cárgate y salte de ahí —decía Güemez—. Sí puedes, eres un hombre de 30 años, llévate a ese niño y sal de ahí.

Logro aventarlo y a grito abierto le digo:

—Ya me cargué, ya me tengo de niño.

—Sal de ahí y vete a dónde tú quieras. A la policía, a México, al consultorio.

¿Y qué crees que hice? Me fui al hotel donde mis padres me habían entregado a la familia de Colonia. Me acuerdo del candelabro, de la alfombra, del peculiar olor de los hoteles europeos, de todo.

—Vete a otro lado —me decía el terapeuta.

—No, aquí quiero estar. Aquí me despedí de mis padres, aquí cambió mi vida, fue mi parteaguas, un antes y un después. Donde me sentí seguro, antes de que me entregaran a los alemanes.

Con ese proceso abrumador, las cosas se le fueron acomodando, o desacomodando, pero todo cambio de rumbo. Fue para él como un renacimiento, una epifanía.

A raíz de eso, fue un año donde se acabó mi matrimonio. Acabábamos de estrenar una casa enorme, bonita, diseñada a nuestro gusto, en la que había invertido un millón de dólares. Porque para ese entonces ya tenía una estabilidad económica. Y de repente a los 30 años se me acabó la vida, esa que llevábamos, no era la que había esperado. Un duelo muy revoltoso le siguió a mi divorcio. Mis hijos ya no estarían conmigo. Entendí que cuando nos casamos, yo lo hice como una escapatoria, andaba tras una paz interior que nunca llegaba.

Con el tiempo, el mismo terapeuta Güemez le pidió disculpas, le dijo: "Perdóname, la primera vez que viniste aquí, no tenía ni idea. No sé cómo pudo pasar. Pero tú saliste solo de esto". Ni el psicólogo se explica qué ocurrió durante aquella regresión, cuál fue el detonante que propició que se viniera todo de repente, en cascada, claramente.

Ese trabajo terapéutico significó un cambio total en su vida. Se dio cuenta que estaba obsesionado por el dinero, que se había casado demasiado chico, que se había encerrado en un círculo muy negativo, sin hacer ejercicio, alimentándose mal, fumando mucho, trabajando demasiado, donde lo único rescatable eran sus dos hijos. Lo demás era un desastre. Un panorama donde no quería estar. Y todo eso lo supo nítidamente en esa regresión que lo llevó a su presente. Y entonces se dijo: ya no quiero vivir así:

Cuando empiezo a ser consciente de la experiencia que me marcó la vida, me di cuenta que necesitaba salir de eso, que necesitaba cambiar mi vida. Dejé todo y me decía, por culpa del abuso, perdí a mis hijos, a mi esposa. Ahora sé que todo lo que pasó fue un duro aprendizaje para ser lo que soy ahora, con mi fundación.

Bueno, algo que casi no cuento, es que, a los 30 años, justo después de que se me revelara todo, quise suicidarme. Había terminado mi guerra, y no quedaba nada. Para qué saqué todo eso, me decía. Vivía solo en mi departamento y empecé a buscar formas rápidas y seguras de suicidarme. Caí en un chat de gente que había intentado matarse, una chava que se había dado un balazo y había quedado en silla de ruedas para siempre, otro que había ingerido veneno y alcanzaron a llevarlo al hospital y vive merced de una sonda, y así, por el estilo. Y mi grillito en la cabeza me dijo no. No puedes acabar así, mejor no. Yo saldré adelante.

Al día siguiente le hablé a mi madre y le pregunté quién trabajaba el abuso sexual, me dio el teléfono. Y fui con él y me ofrecí para ser voluntario en su asociación de salud mental y sexual; es un Colegio de Especialidades, algo así. Era el único que trabajaba el tema, aunque luego resultó ser todo un caso. Lo que más agradezco es que cuando llegué a ese lugar, se ofrecía un diplomado sobre el ASI, y de inmediato me inscribí. Ahí empecé a descubrir todo lo que significa, el vivirlo, el sufrirlo día a día.

Eduardo se dio tres años sabáticos y se dedicó a estudiar todo lo que podía sobre el tema, a leer todos los libros que encontró sobre ASI. Aunque a ratos tuviera que hacer una pausa para vomitar.

Empecé a entender más mi problema y a sanarlo. Fue entonces cuando el director del Colegio me preguntó si quería participar con mi testimonio en el primer programa de *Iniciativa México*, un reality show de TV Azteca y Televisa. Acepté.

El reportero Sergio Vicke, después de escucharme, me preguntó: "¿Y ya te perdonaste?" Recuerdo que dije, me voy a perdonar cuando yo esté haciendo algo por esas víctimas. Salí en todos los canales, con la cara cubierta, aunque yo no tenía ningún empacho en que me vieran. Obtuvimos la mejor puntuación. La siguiente etapa era presentar un proyecto social que ayudara a la gente. Como constructor se me ocurrió crear un albergue para niños abusados. Todo mundo nos apoyó, llegamos a la recta final de *Iniciativa México*. Pero resultó que Carlos Aviña, el director de la asociación al que habían investigado los del programa, se dedicaba a hacer fraudes y, por tanto, no podíamos ser los ganadores.

Sin embargo, las televisoras decidieron otorgar dinero a todos los proyectos gracias a que el presidente Felipe Calderón había ofrecido peso por peso del monto de los patrocinadores. En total, repartieron 50 millones de pesos. A todos les cayó dinero. A Aviña le dieron dos millones que malgastó en todo menos en el albergue: se compró auto, pagó deudas. El albergue nunca se abrió. Pero hubo una segunda temporada de *Iniciativa México* y soltaron dinero a fondo perdido, y se me ocurrió, porque estaba muy seguro de la falta que hacía trabajar en México en la protección y atención a niños víctimas de abusos sexuales, crear una asociación nueva y nos convertimos en donatarios autorizados. Fue la simiente para la Fundación PAS (Prevención del Abuso Sexual), que es nuestro lugar, el buscar soluciones que paliaran los daños que causa ese fenómeno, con procesos de apoyo, terapias, acompañamiento, desde el día uno del suceso.

Habían pasado muchos años de andanzas entre un psicólogo y otro, sin recibir mucha ayuda, sin ayuda para resolver el conflicto que lo atormentaba. Ante esa realidad, Eduardo pensó que ahorraría a los menores esos años de búsqueda. Con su Fundación, los ayudarían de inmediato. La Fundación PAS inició localmente en Guadalajara. La nobleza del proyecto hizo que se les unieran empresarios y especialistas.

Quise que el lugar fuera muy humano. Para llegar a PAS, mi preparación fue intensiva, del 2010 al 2013. Fuimos perfilando el sueño de muchos, materializamos la idea. Los mejores expertos se dedicaban a atender y nosotros a conseguir los fondos. Hoy, a 13 años de eso, ya pasamos de lo local, a lo internacional. Hicimos alianzas con la ONU, INHOPE, IC-MEC, INTERPOL, y estamos trabajando juntos.

Fundación PAS, a través de programas educativos ha llegado a más de 20 millones de personas. Con cursos y diplomados, a más de 200 mil personas. Se ha registrado un efecto multiplicador.

Si la solución no existía, teníamos que crearla. Nos dimos cuenta que 70% de los agresores fueron abusados en la infancia y entendimos que era necesario romper con esa cadena, acabar con el ASI desde la raíz. Invitamos a los mejores especialistas, psicólogos, analistas, docentes, abogados penalistas, antropólogos y psiquiatras para encontrar la mejor manera de proteger al niño y atender a los sobrevivientes. Desarrollamos estrategias, elaboramos programas de prevención para niños, padres, maestros, guías espirituales. Hoy, empresarios, profesionistas, escuelas, hospitales, instituciones públicas y privadas ya son parte, y no vamos a detenernos hasta que cada niño esté protegido.

Cuando me casé la segunda vez, fue a la orilla del mar. Sentí que por fin podía respirar con gozo, dichoso. Yo que antes no podía disfrutar nada, gracias a todo el proceso que viví, volví a sentir. Yo que vivía como en una cárcel, donde detestaba mi cuerpo porque me asqueaba, por fin me sentía bien en mi piel. Aunque, claro, debo decirlo, sigo luchando contra esos cinco minutos en que vuelve aquella pesadilla. Perdoné al señor, que es producto de una sociedad descompuesta. Sé que todos, como sociedad debemos combatir el ASI. Sé que, si bien no podemos ayudar a los 22 millones de víctimas de ASI en México, sí estamos previniendo que la siguiente generación sufra menos este delito. Cada uno podemos trabajar en nuestro metro cuadrado.

Hoy me siento libre del abuso. Porque después de eso decidí hacer un viaje alrededor del mundo solo. Quería conocer los lugares donde habían nacido todas las religiones: fui a Jerusalén, a China, a los países árabes, a la India. Al regresar de mi viaje, me dije, ya estoy listo para compartir mi vida con alguien, y conocí a Lula, la que ahora es mi esposa, quien tiene un centro de innovación social.

Ahora lo que siento y lo que pienso es que los que vivimos el abuso tenemos un don especial, esa parte del cerebro que se desbloqueó en mí me dio otras capacidades para la vida. Cuando alguien rompe el silencio, otros empiezan a hablar y a externar lo que les pasó, como lo estoy haciendo ahora. Sin embargo, el cuerpo sigue reaccionando.

En marzo del 2022 se celebró el "Encuentro Internacional para Lograr un Mundo Digital Libre de Material de ASI" en el Senado de la República, algo que propició la Fundación PAS. Y asistió, obviamente, Eduardo.

Me ilusionaba mucho estar ahí, más aún porque mi abuelo había sido Senador, lo quise vivir como un rito, como si se tratara de cerrar un ciclo en mi familia. Y ¿qué crees que pasó? Durante los cinco días de actividades, me la pasé vomitando. Pues sí, mi cuerpo sigue reaccionando. Aunque me digo, ¡ya bájale! Mi teoría es que vivir el abuso es para toda la vida.

Las secuelas del abuso sexual infantil

Los padres en general ignoran el daño que provocan los descuidos a sus hijos. La deficiente atención que se brinda a los menores, sea porque los padres viven inmersos en sus propios problemas de supervivencia o por la nula educación y el desconocimiento de lo que pasa en el desarrollo de un niño, resulta en que los niños en México han sido, y son, los más afectados.

Los tipos de maltrato hacia los niños son varios, como ya lo han definido algunos organismos citados en este libro. La misma OMS despliega una lista que no está por demás repetirla: el maltrato físico, el abuso sexual, el psicológico, la negligencia, la explotación sexual infantil y la violencia doméstica. El no atender sus necesidades primarias, como la alimentación, la salud, la educación, el que no vivan en un ambiente sano, son factores comunes que impiden un desarrollo armónico y vigoroso que los prepare para la vida. Si a eso le añadimos los golpes, el maltrato emocional y el sexual, el asunto se torna explosivo.

El ASI es toda actividad encaminada a proporcionar placer sexual a un adulto, aprovechando su situación de superioridad, asimetría en edad, poder y conocimientos. Puede tratarse de un adolescente que abuse de un menor, cuando haya entre los dos una diferencia de tres a cinco años. El abuso infantil es un evento estresante, generalmente continuado, lo cual agrava la situación.

Hay mucho más que debemos conocer. Por ejemplo, el cómo cambia, totalmente, el desarrollo normal de las víctimas de abusos de cualquier naturaleza.

Por ello acudimos con los que están estudiando las funciones del sistema nervioso, la estructura del cerebro, sus componentes bioquímicos, y el cómo su desarrollo perfila el comportamiento y las funciones cognitivas del ser humano.

De entrada, Araceli Sanz Martín, doctora en Neurociencias de la Universidad de Guadalajara, nos hace un comparativo entre las repercusiones que causa el estrés en los adultos y entre los niños:

> En un adulto que sufre estrés, su cerebro, tanto como su cuerpo, pueden recuperarse una vez que el estresor se elimina. Mientras que, durante la infancia, la respuesta al estrés puede tener consecuencias que serán permanentes, dada su vulnerabilidad. En los niños se pueden desarrollar adicciones, sentimientos antisociales, trastornos de personalidad; en las niñas, trastornos límite, trastornos de alimentación, problemas que hemos citado una y otra vez.

Las investigaciones que ha realizado la doctora Sanz Martín revelan que a los factores más visibles y más fáciles de diagnosticar se suman otros más sutiles, más profundos, como las alteraciones cognoscitivas, conductas delictivas, trastornos metabólicos, como la obesidad o la diabetes tipo dos, toma de riesgos, conductas disruptivas, embarazos adolescentes, drogadicción, poca capacidad de auto regular su comportamiento, trastornos de aprendizaje, entre otros muy preocupantes. Según la doctora:

El estrés va a generar una cadena de eventos relacionados, una activación de todos los sistemas fisiológicos y hormonales de respuesta al estrés, principalmente el eje hipotalámico hipofisario adrenal, provocando una elevación de la hormona principal del estrés, llamada cortisol. Cuando el cerebro se expone al cortisol, éste afecta el desarrollo de las neuronas y de las células de soporte en el cerebro, los procesos de la morfología neuronal, la neurogénesis, que es la producción de nuevas neuronas, y la capacidad de las neuronas para conectarse unas con otras, que se conoce también como sinaptogénesis. Aunque no todas las regiones cerebrales van a tener la misma sensibilidad al estrés, esto puede variar de acuerdo a la genética, al género, a la edad, a la velocidad del desarrollo, y algo muy importante, al número de receptores de cortisol que exista en cada una de las áreas afectadas.

Se ha encontrado que hay áreas del cerebro que son más vulnerables a las consecuencias del maltrato infantil, como la corteza prefrontal, que es la que nos ayuda a tomar decisiones, a autoregular la conducta y el comportamiento. También, la amígdala, que es la estructura localizada en el lóbulo frontal del cerebro, que tiene que ver con el sistema modulador de la memoria y el procesamiento de emociones, entre otras.

Los cambios neurofuncionales provocados por el ASI pueden conducir a una mayor tendencia a trastornos neuropsiquiátricos. En la mayoría de los abusos hay un caldo de cultivo que convierte a esas criaturas víctimas de maltrato sexual, en seres fragmentados, infelices. Todo lo anterior se desprende de las muestras que se han tomado de niños y niñas que han recibido diferentes formas de maltrato, en particular del ASI, y que han estudiado en el Laboratorio de Estrés y Neurodesarrollo del Instituto de Neurociencias de la Universidad de Guadalajara.

A nivel cerebral, hay cambios que son permanentes. Cuando un niño se somete a estrés, ese eje hipotalámico hipofisiario adrenal se vuelve hiperactivo, reaccionando exageradamente a la amenaza, lo cual predispone a la ansiedad, depresión y estrés postraumático a nivel emocional. A nivel cognitivo, el exceso de cortisol altera las neuronas, afectando la plasticidad cerebral, que es lo que nos permite conectar y aprender cosas nuevas y puede provocar la muerte neuronal. Afecta también la salud cuando crecen, y dependiendo del número de estresores que hayan vivido, su esperanza de vida puede ser veinte años menos, en relación con otra persona que no haya sufrido estrés temprano. Se incrementan también los problemas de diabetes, problemas metabólicos, como anorexia, bulimia, obesidad y problemas cardiovasculares, entre otros.

Para la estudiosa del tema, estos trastornos en los menores, ha incrementado el número de suicidios o de conductas autodestructivas, como las adicciones y las conductas sexuales de riesgo:

El abuso sexual infantil les provoca altas dosis de estrés, y más, sabiéndose que ese tipo de maltrato, en su mayoría, ocurre en el interior de una familia, donde los actos se repiten una y otra vez. Así, los niños van creciendo en una situación de estrés crónico.

Falta mucha investigación en el tema, ya que poco se ha hecho, por ejemplo, en el seguimiento y la observación a lo largo de la vida de un ser que ha sido sujeto al abuso sexual de niño. Los estudios en general se han abocado en los casos de niños que acaban de sufrir agresión sexual, y en los adultos que llegan buscando un alivio para las patologías que los aquejan, como depresión, ansiedad, insomnio, y en cuyos antecedentes se encuentra el haber sido víctimas de abuso infantil. No hay seguimiento de los niños en su desarrollo posterior, esos estudios son muy raros en el mundo.

Las investigaciones que ha realizado la doctora Sanz Martín, se refieren a muestras encefalográficas de las víctimas de abuso que han sido recluidas en casas hogar. Analizan a los menores que en su historial han pasado por maltrato severo, niñas que han sido abusadas sexualmente, estudiando sus problemas de conducta, sus habilidades sociales, sus funciones del cerebro, su capacidad para elaborar estrategias, para alcanzar metas, para modular la conducta:

Cuando vemos a un niño o niña que sufrió el ASI, en realidad estamos observando que no ha sido uno solo el estresor que presenta. En general esas víctimas han sido sometidas a varios tipos de maltrato: el psicológico, el físico, la negligencia de los padres, el abandono.

La dinámica familiar es muy "anormal", ya que el desarrollo de este tipo de actos contra los menores, contra natura, se debe al descuido de sus padres, de sus cuidadores, del Estado. Esos niños no han sufrido un solo episodio, han pasado por muchos. Estos actos son recurrentes.

Hay un fenómeno interesante: cuando un menor padece una experiencia sexual, la única forma de sobrevivir a ello es la disociación, que según nos han narrado los menores, es que en el momento del abuso, se fugan, se desconectan del cuerpo. Y no se quedan ahí, al término de eso, siguen desconectados de sus emociones y pierden la capacidad de reconocer las emociones en las otras personas, sintiendo poca empatía con los demás. De ahí vienen los problemas para socializar, no se relacionan con nadie, viven fragmentados.

Nadie puede saber qué pasaba en esa familia donde se perpetró el abuso, si hubo indolencia de los padres o qué lo permitió. Porque el abuso se va generando poco a poco, el agresor se va acercando a los niños, fascinándolos primero, luego tocándolos. Uno se pregunta ¿qué tipo de familia es como para ofender a un niño? Lo cual es una prueba de que ese niño no estaba en un ambiente favorable para desarrollarse de una manera normal.

La gravedad del ASI tiene sus variables. Una depende de la frecuencia y otra del tipo de abusos. Cuando el abusador es el padre, el hermano o el tío, resultará aún más traumático. A más cercanía, más repercusiones, porque el menor se siente traicionado, la reacción es muy fuerte. Otra variable es el nivel de apoyo que recibió de la madre, de la abuela, o la persona a la cual tuvo el tino de contar lo que estaba viviendo. Si recibe apoyo, este factor es determinante para bajar los niveles de estrés, repercute positivamente en el menor. Al contrario de lo que sucede con un niño al que no le creen y lo culpan de lo que sucedió, y eso le provoca un grado mayor de estrés. La asimetría en la edad, el poder que ejerce el adulto, son facilitadores para que una niña sea seducida y se abuse de su inocencia.

La doctora Araceli menciona otra de las cosas que se han encontrado en niños maltratados sexualmente: el sistema de la recompensa del cerebro, lo que permite sentir placer, se torna insensible:

Esto significa que se necesitan estímulos muy fuertes para sentir placer. Esta insensibilidad se asocia mucho al consumo de drogas. Los juegos, la convivencia, ya no llenan a esos niños, no tienen sentido para ellos, no sienten nada. Por eso buscan algo más poderoso, más extremo como autolesionarse, herirse con una navaja o experimentar con estupefacientes que, además, les harán evadirse, olvidar, quitándoles momentáneamente el dolor. Hay una fuerte comorbilidad, asociada entre el maltrato y el consumo de sustancias.

No hay que olvidar que cuando un niño a temprana edad es sometido a abuso, éste cree que es normal; hasta que lo socializa y lo contrasta se da cuenta que no lo es. Y es entonces cuando entra en el círculo culposo. Se siente terriblemente culpable, ya que muchos abusadores les dieron algo a cambio, como afecto, trato preferencial, juguetes, y los niños acaban creyendo que son responsables de lo que les pasó.

Algo notorio es que baja mucho el nivel de agresividad en un niño que ha recibido una adecuada atención psicológica después de un delito sexual. Su tendencia a autolesionarse disminuye también. Sobre todo si continúa recibiendo atención emocional y tratamientos farmacológicos, que son factores que irán atenuando la ansiedad y la depresión que sufren. No hay que olvidar que un trastorno postraumático obliga al paciente a que se le apliquen medicamentos psiquiátricos.

Sobre los individuos que deciden tener relaciones sexuales con un o una menor, dice:

Muchos investigadores coinciden en lo siguiente: al pederasta le gusta que sus víctimas no tengan caracteres sexuales secundarios. Les da lo mismo que sean niños o niñas. Son seres disfuncionales, incapaces de conseguir una relación sana. Aunque por las historias que hemos escuchado, se da también en personas que nadie creería que comete este tipo de actos.

Sobre las dificultades en el acercamiento a esos niños y niñas traumatizados por el ASI, la doctora Sanz acota:

Curiosamente, hay una cuestión de género. Me explico: muchos investigadores han observado que es más difícil abordar a niños abusados sexualmente que a niñas. A los niños, necesariamente, debemos trabajarlos de forma individual, porque les cuesta mucho trabajo explayarse en una terapia grupal. Son temas que inciden en su identidad sexual y temen ser considerados como homosexuales, aunque no lo sean. Las niñas sí permiten ser atendidas en grupo, donde se sienten capaces de hablar libremente y lo hacen. Incluso con relación a las niñas que tienen muchos problemas de internalización de normas y valores y su aceptación, hay una proclividad a auto agredirse, a tratarse mal, mientras que los niños desarrollan esa violencia hacia fuera, en conductas antisociales, delictivas, acosos escolares, abusos contra otros, para desquitarse. Las secuelas son igual de graves, pero diferentes.

Un caso de ASI debe atenderse de inmediato para que no se agraven los daños. Al principio es un período de negación, pero luego se asienta el temor, las pesadillas, la auto agresión y la culpa, de eso se trata. Científicamente, todavía hay mucho desconocimiento de las secuelas que genera el ASI, falta mucho aún.

Y si hablamos del ASI en línea, la respuesta al estrés es de acuerdo a cómo lo interpreta la persona. Si el estresor social lo percibe como algo terrible, si se siente amenazado a que su material lo hagan público, que se enteren sus amigos y luego sean motivo de acoso, todo eso libera las hormonas del estrés y a largo plazo dañará el cerebro y el cuerpo. Mientras menos edad tengan, los deterioros serán mayores debido a que su cerebro está en pleno desarrollo.

Tanto en línea como directo, las secuelas del ASI son parecidos, es un delito, es un abuso. En psicología, cuando se refiere a un trastorno, generalmente se describen los síntomas como algo que produce malestar significativo en la persona. Los niños sufren, sí, y las víctimas sufren toda su vida.

Los mismos estudiosos de las áreas de psicología, de psiquiatría y neuropsicología, admiten, como lo dijo anteriormente la doctora Araceli, que existe aún mucho por investigar en torno a las secuelas que provoca el abuso sexual en un ser humano. La doctora Sanz Martín explica:

Particularmente, en el Laboratorio de Estrés y Neurodesarrollo hemos estudiado niños, niñas y adolescentes que han recibido diferentes formas de maltrato, en primer lugar, abuso sexual.

Entre los adolescentes que fueron víctimas de abuso sexual, hemos encontrado algunas alteraciones en la actividad electroencefalográfica a través de una técnica que evalúa la actividad del cerebro ante diferentes condiciones. De esos estudios se desprende que hay alteraciones en la memoria, en el aprendizaje, en la capacidad de inhibir conductas inadecuadas, así como reconocer las emociones de otros.

Ampliar esta información sobre los estragos, daños o secuelas que deja un evento como el ASI en los menores resulta crucial. Según UNICEF, el abuso sexual es continuado cuando las niñas tienen entre 7 y 11 años de edad. Y esto se debe a que, en la mayoría de los casos, lo están infligiendo personas cercanas a las víctimas, como el padre, padrastro, vecino, tío, primo, hermanos, con los que convive cotidianamente. El conflicto crece mientras nadie lo interrumpa.

Fundación PAS

Acudimos a la sede de Fundación PAS con la Coordinadora del Área de Atención Fabiola Cervantes Chávez.

A diez años de la fundación de este organismo, donde un grupo de terapeutas de salud mental atendía a niños sufrientes por el abuso sexual, fue tanta la demanda de servicios que PAS decidió ir más allá, iniciando con acciones de prevención, creándose el área de atención psicoterapéutica de una manera más formal, trabajando con los padres de familia y sus cuidadores, brindando atención psicológica a niños, niñas, adolescentes, adultos, sus familias y sus cuidadores. Se requería trabajar con todo el sistema familiar.

Desde que surgió esta área de atención, los psicólogos se han ido especializando más, aunque la terapeuta admite que siguen estudiando, aún hay mucho por aprender:

> La realidad es que el ASI no es un tema que en las universidades se estudie como parte del currículo de psicología. Hay mucho por hacer en varias profesiones para que intervengan en las diferentes aristas del abuso.
>
> Con dificultad se ha implementado la materia de Sexualidad, que durante años ni siquiera estaba incluida como materia de la carrera de Psicología. Todavía no conocemos alguna universidad que específicamente estudie este fenómeno.

El ASI, es multifactorial, y las estadísticas nos dicen que la mayoría de los abusos ocurren dentro del contexto familiar. Desafortunadamente, las mismas familias van gestando las personalidades de las víctimas y de los agresores.

Esa parte multifactorial implica que hay una gran cantidad de situaciones que influyen para que el ASI ocurra al interior de las familias. Por ejemplo, se ha comprobado que es predisponente la violencia intrafamiliar, el alcoholismo, la desintegración familiar, las dificultades en los vínculos de la pareja, las disparidades en las relaciones parentales y paterno-filiales. Son elementos que contribuyen a que esos perfiles se vayan gestando en el núcleo de la familia.

Hay abusos en línea también incestuosos, es decir, de familiares. Hemos tenido casos de adolescentes cuyos tíos están abusando de ellos. Un tío que le envía mensajes, videos, lo llama por teléfono, puede terminar en un abuso físico.

Al puntualizar sobre lo que ha observado clínicamente en consultas, sobre los daños que deja el ASI en línea a diferencia del físico, rápidamente responde:

Son muy parecidos. Al final, es abuso, es lo mismo. Está en la bibliografía, la primera clasificación del ASI directo y el indirecto. En el indirecto, como sabemos, está el cibernético, que muchas veces culmina con el directo. Y este último implica un contacto cercano, corporal. En ambos tipos la repercusión es muy similar, las consecuencias son las mismas, y lo hemos observado al atender casos de ambas naturalezas. Hay ansiedad, dificultad para relacionarse y —aunque no en todos los casos— conductas hipersexualizadas, una baja autoestima por el atraco y la invasión hacía la persona, no sólo hacia su cuerpo, sino en toda su integridad, que recae en la confianza en sí misma y se extiende hacia la figura del adulto.

Hay variables dentro del abuso, todo depende de la frecuencia, periodicidad y relación con el agresor. No es lo mismo que el depredador sea ajeno a la familia a uno que es muy cercano, con algún vínculo afectivo, lo cual provoca mucha confusión y distorsión en los más pequeñitos. Otro elemento importante es la edad de desarrollo del menor. De acuerdo a la edad o las edades implicadas en el proceso del abuso será el daño. Hay abusos que se dieron de los 5 a los 14 años, estamos hablando de tres etapas del desarrollo psicosexual, muchos componentes que comprometen el desarrollo psicológico y neurológico.

Importante también otro elemento: si el ASI fue con violencia o no. Si hubo chantajes, manipulación y, sobre todo, engaño, ya que el niño se da cuenta que el abuelo, el tío o el papá no eran cariñosos de forma genuina, sino que lo buscaban y consideraban predilecto, no porque lo quisieran, sino por el plan que tramaban. Esta es una característica del depredador, premeditar, planear muy bien sus actos, como un cazador que busca su presa.

Para profundizar sobre el perfil psicológico de las víctimas del ASI y los perpetradores, la psicóloga Fabiola Cervantes respondió a algunas de nuestras preguntas:

¿Se enamoran los chicos o hay una perversión?

Por parte del menor no, no hay perversión. Pero sí sucede, sobre todo en la etapa de la adolescencia, porque el agresor es un seductor, que va convenciendo embriagadoramente al menor. Aunque aquí, hay que decirlo, la conducta inadecuada, la perversión, no es del adolescente, es del adulto, por haberse acercado a la chica o chico. El adulto planeó cómo acercarse a su víctima. Además, está consciente de que si logra enganchar al adolescente, que se enamore de él, eso va a evitar que lo diga a sus padres y lo denuncien. Pasa mucho, sí. Los adolescentes reaccionan como suele ser normal cuando alguien les habla bonito, les confiesa su amor, su cariño. Y a eso se atiene el abusador, como parte de su estrategia que le permite manipular cómodamente al menor. Hacia los más pequeños, no utiliza el mismo sistema, sino que con ellos los prenda en una especie de encantamiento, lo llena de regalos, juguetes, paseos, dinero, etcétera. Además, el pequeñito al principio no se da cuenta que esas conductas son inadecuadas. Lo seguirá haciendo o lo dejará de hacer si le genera alguna inquietud.

¿Cómo abordan a los pequeños?

El tratamiento terapéutico que aplicamos en PAS se basa en un modelo de intervención con varias estrategias. El primer paso es la valoración, saber el impacto psicológico que recibió. Con base en las características, ofrecemos algún tipo de tratamiento, Si tiene afectada el área cognitiva, emocional o sexual, se trabaja en ellas y se establece un proceso que se puede prolongar de siete a nueve meses, según su evolución. Los casos más complejos los tenemos que canalizar a los psiquiatras o al neurólogo, ya que nosotros ofrecemos sólo la atención psicológica. Hay casos tan complicados que no nos corresponde atender, por las características y los profundos daños que presentan. Para intervenir con alguien así necesitaríamos un trabajo interdisciplinario que no tenemos, y por ello los canalizamos a alguna otra instancia, internamiento, hospitalización.

Por los diferentes factores que inciden en el ASI, se debe intervenir en el área familiar, en el área física, el área neuroló- gica, y hay casos también donde se requiere la participación del neurólogo, del gastroenterólogo, del terapeuta especializado en trastornos alimenticios. Hay modelos de intervención que existen en otros países, clínicas en Europa y Estados Unidos que atien- den específicamente los traumas, entre ellos el del ASI.

¿Cuál es el perfil de las víctimas de ASI?

Hay características que nosotros llamamos de vulnerabilidad pretraumática. Niños o niñas cuyas familias presentan problemas de violencia intrafamiliar, como dijimos, muy vinculados con la sexual. Niños o niñas que han vivido un alto grado de aban- dono, no sólo físico, sino emocional. Papás que están en casa, pero no están presentes, no hay atención hacia esos niños. Aquellos niños a quienes no se les ha proporcionado una atención sexual integral. Niños de hogares donde se permiten ciertas conductas abusivas, por ejemplo, pellizcos en las nalgas, desnudos, abrazos mal intencionados, y que además reciben desinformación sexual, ideas distorsionadas. Otro factor predisponente para el abuso son las parejas y familias muy disfuncionales, con vínculos adversos, rotos, que no cubren las necesidades más elementales de sus hijos. Niños que viven en comunidades donde abundan el alcoholismo o la violencia, las desintegraciones familiares, los conflictos entre familias. Todas esas situaciones son facilitadoras del ASI. Niños que viven bajo ese paraguas traen varios tipos de maltrato y pa- reciera que sólo les faltaba un abuso más.

LAS SECUELAS DEL ABUSO SEXUAL INFANTIL

Las estadísticas nos dicen que las niñas siguen siendo más proclives al ASI, aunque existe ya un alto porcentaje de niños víctimas del ASI. Y entre las edades más estudiadas por nosotros y que aparecen también en investigaciones nacionales e internacionales, nos hablan de entre los 7 y los 12 años. Esta es la edad de mayor riesgo, estadísticas que nosotros hemos comprobado.

La efectividad de la terapia depende de la gravedad del abuso. Hay casos que implican procesos muy largos. Hay niños que se atienden en la infancia y luego tienen que ser atendidos en la adolescencia, y luego en la etapa adulta, de acuerdo con la severidad del trauma. De todas las variables citadas, a mayor daño, mayor cronicidad, con largos períodos de abusos constantes y de parte de varios miembros de la misma familia, y fuera de ella; todo eso impacta fuertemente al menor. Sí hay posibilidad de restablecer a esas personas, pero se requieren tratamientos en cada área afectada, que solo el psicoterapeuta no puede atacar. Lo importante es que sí hay tratamientos y sí hay soluciones para muchos casos, que conducen a un buen final. Claro que a veces son tan difíciles, que requieren años de tratamiento.

¿Por qué hay niños que abusan de otros niños?

No es regla general que todos los que fueron abusados van a abusar de otros. No. Aunque sí se dan historias en aquellos menores cuyos abusos fueron crónicos y por ende repercutieron a muchos niveles de su integridad. Vamos a considerar un elemento: la agresión sexual. El menor agrede sexualmente a otro par, pero no está buscando satisfacción sexual, está queriendo vengarse, hacerse justicia y ejercer la violencia, con la que pretende saciar su ansiedad. Si el ASI no fue atendido nunca, los resultados son ese tipo de comportamientos.

No es regla general que un niño abusado se convierta en abusador, al contrario, hay casos como el del fundador de PAS, quien después de haber vivido una experiencia de esta naturaleza, lo que menos quiere es que alguien más sufra esto y luchan para evitar que los niños sean abusados.

Los pederastas son seres antisociales, con trastornos de la personalidad muy fuertes, cuya falta de empatía les hace no tener remordimientos ni culpa, lo que les impide resarcir los daños. Manifiestan conductas muy exacerbadas que los llevan a delinquir, a ser psicópatas, sociópatas, a trastornos muy severos.

Por lo que conocemos, la población es grande. Este tipo de personajes no siempre es fácil de detectar, y algunos son bastante funcionales, bastante carismáticos, y esa fachada confunde. El pederasta generalmente desde pequeño tiene ya ciertos trastornos sexuales que los conducen a este tipo de conductas. No es que de un día para el otro se conviertan en pederastas. Se disfrazan muy bien, y pueden ser el papá, el tío, algún líder muy atractivo. Hemos tenido casos de personas que las mismas familias lo defienden como un ser intachable, incapaz de cometer esos actos. Pero es parte de sus características, ser atrayente, aparentar una personalidad adecuada para que accedan a sus inclinaciones.

¿Por qué con los más chiquitos?

Hay muchos rasgos de fondo. Se habla mucho en las bibliografías de que este tipo de personalidades son inmaduras emocionalmente, incapaces de relacionarse sexualmente con sus iguales, socialmente, con los adultos. Tienen conflicto con los pares, les cuesta mucho y eligen a un menor, a un niño que no va a retarlos, que es inofensivo. También hay personas que sufrieron historias traumáticas a muy temprana edad y tienen una fijación a ciertas edades, con el ánimo de desfogar toda la ira, todo el rechazo, como si hubieran quedado estacionados, emocional, afectivo y sexualmente en un hecho. Hay rasgos particulares a los pederastas, y es que no encuentran satisfacción con alguien de su edad, como la que experimentan con los niños. Hay pederastas heterosexuales, homosexuales, bisexuales, etcétera. No es privativo de alguna preferencia sexual.

¿Y las mujeres? ¿También entran en esa categoría de pederastas?

Siempre ha habido. Y no ahora, siempre. Aunque es menor el porcentaje. Las características de esas victimarias son muy similares a los pederastas hombres, sólo que está un poco más encubierto, porque —como demuestran nuestras estadísticas— quienes están más al cuidado de los menores de edad son las mujeres. Y es más difícil detectarlas a ellas, porque hay conductas más sutiles que ellas tienen para engañar, manipular y engatusar. Por supuesto que las hay, y los daños son los mismos en los menores, venga de quien venga.

¿Alguna recomendación a los padres?

Primero, informarse. Nada es tan poderoso como la información, ya que uno de los puntos preponderantes del abusador es el poder. Debemos conocer, saber cuáles son los móviles, las artimañas de un pederasta, los riesgos a los que se enfrentan los menores todos los días, fuera y dentro del hogar, en las comunidades, en las escuelas. Los niños, las niñas, los adolescentes son responsabilidad de la sociedad, no solo de las familias. Todos tenemos el deber civil de denunciar cuando seamos testigos de alguna situación que esté vulnerando a un menor. Confiar mucho en los niños, creer en ellos, atenderlos, amarlos mucho, con benevolencia, reforzar mucho la educación sexual, enseñarles a amarse, a respetarse, a conocerse, a cuidarse, porque un niño que ha aprendido todo eso difícilmente va a ser víctima de abuso. Porque si alguien atenta o lo intenta, el niño lo dirá inmediatamente, porque tiene adultos a su alrededor en quienes confía.

Y recordar que mientras más rápido se actúe, en caso de un ASI, es mayor la probabilidad de que haya un buen pronóstico y una buena resolución. Hablar, denunciar, es lo más importante. Los adultos debemos ser personas de confianza, no como los pederastas que dan confianza, pero engañosa. Los niños deben confiar en sus padres plenamente, sabiendo que los respetan y los quieren.

Al final, somos responsables como sociedad de proteger a la niñez, de educarlos. No es algo que corresponda solamente a los padres, a los maestros, sino a todos.

Contra los más inocentes

El mundo del abuso sexual infantil puede ser visto como un infierno. En el círculo superior aparece el material gráfico de esos actos, seguido por los círculos cada vez más profundos, en los que ocurre el sometimiento, la violencia en contra de las víctimas, seguido por el de la distribución, la extorsión y la degradación. Podemos afirmar que el último círculo del infierno está reservado a los más pequeños, niños y niñas de tres, cuatro, cinco años de edad que fueron obligados a cometer actos sexuales, que fueron videograbados por adultos que eran sus tutores, maestros o cuidadores y que traicionaron su confianza y la de los padres. Los infantes nunca tuvieron ni la voz ni la conciencia o la fuerza para defenderse.

El trasfondo de estas historias es el mismo, surge del engaño o del encantamiento, nunca de la imaginación. Como bien lo dice Cristina Peri Rossi: ¨Los principales horrores no han estado siempre en la imaginación¨. Más de treinta años escuchando los lamentos ahogados por el tinglado de la burocracia legitiman mi experiencia. Yo expongo los hechos, la verdad de los hechos, otros se encargan de analizarlos e ir construyendo nuevas estrategias, legislaciones, apoyos para mitigar los daños en las víctimas. Estas historias lastiman, por eso, muchos no quieren ni escucharlas, porque son demasiado sombrías y tristes. Pero, "eso no es mi culpa".

La historia que sigue es, tal vez, por el número de niños que fueron afectados, una de las más inadmisibles de todas, por su crudeza. Vale la pena decir que el abuso sexual contra menores es una serie trágica, los episodios se van enlazando con más y más eslabones.

He aquí los trazos de un episodio que nos remite al por qué esta zona del occidente de México, en dos de sus parajes con más personas en tránsito, se considera un foco de explotación sexual infantil. Un secreto a voces entre los habitantes, que prefieren callar a exponerse, porque no saben quién podría estar detrás. En ese espacio arrancó todo, pero las víctimas ahí están, ahí se quedaron. Y las fotografías, los videos, no se quedaron.

San Nicolás de Ibarra, una delegación de Chapala, en el estado de Jalisco, con casi 300 años de existencia, es una zona que adormece por su tranquilidad, su clima, su envolvente silencio. Tiene menos de mil 500 habitantes, dedicados en su mayoría a la pesca y la agricultura. Persiste cierto grado de pobreza y marginación, como en tiempos de los hacendados de apellido Ibarra que se instalaron aquí en el año 1776. Refugio perfecto para pasar los fines de semana o quedarse, para siempre.

Chapala es el destino preferido de canadienses y estadounidenses desde que llegó el primer turista, Mr. Crow, a finales del siglo XIX, buscando alivio en sus aguas medicinales. Cientos de extranjeros han decidido instalarse ahí, pasar sus últimos años y gozar de la privilegiada vista que ofrecen los más hermosos atardeceres, sin que desaparezca el nostálgico encanto que atrajo en los primeros años del siglo XX al que fuera presidente de México por treinta años, Porfirio Díaz. Muchos foráneos encuentran ahí su propio paraíso.

Sin embargo, en los linderos del lago están también miles de nativos que no disfrutan del estallido de la naturaleza y del progreso. Siguen siendo pobres, analfabetas, con precarios trabajos a falta de la otrora abundante pesca que nutría su especie endémica, el pez blanco, que, debido a la sobreexplotación de las aguas, casi desaparece. Un panorama desigual que propicia las injusticias y donde no alcanza a llegar la intensa luz que emerge del generoso cielo que se pinta en sus aguas.

En este entorno tan dividido, en marzo del 2017 se realizó una protesta en las afueras del centro escolar Fray Juan Ruiz Cabañas y Crespo, en el poblado de San Nicolás de Ibarra. Eran mujeres, en su mayoría, exigiendo a la directora del preescolar que saliera y explicara lo que estaba ocurriendo con sus hijos menores, que tenían comportamientos extraños: desnudándose y tocándose sus partes, bailes y canciones impropias para una menor de 4, 5 o 6 años. Decían que eso les habían enseñado las maestras.

En forma altanera, con cierto desdén, la directora les dijo a las mujeres: "Tengan más cuidado, tal vez eso que hacen los niños, lo aprendieron en casa. No hagan sus cosas delante de los pequeñitos", con un tono cargado de cinismo.

Una pequeña nota informativa apareció en el semanario Laguna, dando cuenta de la protesta a las puertas del kínder. Pero circulaba poco y el efecto fue menor. El reportaje apareció en marzo del 2017. Las autoridades no quisieron ni enterarse. No admitían lo que sucedía dentro de las coloridas paredes de los salones de clases, donde los menores pasaban cuatro horas diariamente.

Fueron las madres las que empezaron a protestar al notar cambios en las reacciones de sus niños, trastornando el pacífico mundo en el que vivían. Se desmoronaron. No sabían qué hacer. Después del estupor, vino la rabia. Supieron, al comunicarse entre ellas con los niños, que la directora y la maestra no les estaban enseñando, precisamente, las primeras letras.

Las más despistadas no sabían qué hacer en circunstancias así. Dudaban en ventilar los sucios actos a los que sometieron a sus pequeños. Temían que luego fueran señalados, estigmatizados. No querían exponerlos más. Con todo y sus escrúpulos, cuando reconocieron las coincidencias entre lo que hacían sus hijos y los de las otras, decidieron unirse y el 7 de abril del 2017 se trasladaron a la Agencia del Ministerio Público, de Atención Temprana, que correspondía a San Nicolás de Ibarra. La encargada, con toda displicencia, desconoció los hechos y no atendió la denuncia, negándoles con ello el derecho a la justicia.

Ante esa negativa, no se amedrentaron, pidieron consejo y sabían que el siguiente paso sería la Procuraduría de Protección de Niños, Niñas y Adolescentes (PPNNA) en la capital del estado. En la Agencia Receptora de turno vespertino de Ciudad Niñez, supieron de presuntos abusos de menores cometidos por la directora, de nombre Susana R., y la maestra de inglés, llamada Ana. Esta carpeta fue remitida a la municipalidad de Chapala, la regresaron, en razón de su competencia. Ahí se debía integrar el expediente con las evidencias. Pero, igual que lo había hecho al principio, la agente del M.P. desechó los testimonios sin abocarse al caso. Tiempo después, esa licenciada, Gabriela Jiménez Ibarra, fue suspendida por la Fiscalía al estar sujeta a una queja presentada por los padres de los menores afectados, por amenazas, negligencia y obstrucción de la justicia.

Posteriormente se manifestaron ante el Ministerio Público de Chapala: diez denuncias más por el presunto ASI de cinco niños y cinco niñas. Se abrió otra carpeta de investigación. Se ordenó al Instituto de Ciencias Forenses los respectivos dictámenes periciales tanto psicológicos como ginecológicos y andrológicos de los menores. El 21 de mayo del 2017, los padres se enteraron, por un abogado al que habían contactado para su defensa, de los resultados: tres de esos niños dieron positivo a ASI agravado. Pero la Fiscalía no giró ninguna orden de aprehensión. Se quedó callada, al margen de los hechos. Como si no hubiera pasado nada.

Las que sí denunciaron recibieron burlas de los vecinos, tachándolas de argüenderas, chismosas. Luego, el Instituto de Ciencias Forenses extravió los resultados de los exámenes aplicados a los menores. Lo supieron —extraoficialmente, claro— porque cuando acudían a la institución a ver qué había pasado con las denuncias, como no contaban con cita, las arrojaban a la calle.

Las mamás estaban desesperadas ante la displicencia y lentitud del proceso, la falta de atención de las autoridades. A pesar de que la Secretaría de Educación de Jalisco prometió la clausura del centro escolar para facilitar las pesquisas ministeriales, seguía a puertas abiertas. Tres meses después de las denuncias correspondientes, tuvieron en sus manos los resultados. Pero no procedieron. Ni pesquisas, ni detenidos, ni comparecencias, nada.

En julio del 2017, la activista de derechos humanos, Edith González, nos llamó angustiada: "Debes venir a San Nicolás, necesitamos que estos hechos salgan de aquí, que hagas un reportaje".

Acudí a la casa de las mamás de esos niños. Las mujeres ante las cámaras de televisión estaban renuentes a hablar, se sentían temerosas, desconfiadas, temían que el dar alguna entrevista fuera motivo de represalias. Pero Edith, luchadora social desde hacía años, instó a las mujeres a que se atrevieran a hablar, aunque no expusieran sus rostros. Accedieron a hablar, a contraluz, pero con voz muy clara.

—No sabemos por qué nos están obstaculizando tanto, el Ministerio Público, el municipio, la SEJ.

Una tras otra las mujeres hablaron, esperanzadas en que al hacerlo hubiera alguna respuesta útil de la Fiscalía.

—Yo me di cuenta porque mi hija se puso a bailar y mientras lo hacía se bajaba los pantaloncitos. ¿Dónde aprendiste a bailar así? No quería hablar. Hasta que abrazándola me respondió que en el kínder las ponían a bailar, les quitaban la ropa y los llevaban al baño para "curarlos".

—Yo supe porque noté a mi niña rara, insegura, miedosa, llorando por todo. No quería ir al baño sola, lo que ya era un hábito para ella. Se volvió muy agresiva, peleonera. Antes ella no era así.

Con cierto pudor envuelto en miedo, las mujeres hilaron una y otra lo que les atormentaba.

—Mi hijo actuaba diferente. Yo le pregunté si algo le estaba pasando en la escuela, y negaba con la cabeza, hasta que empezó a llorar. Insistí y acabó contándome lo que les hacían las mujeres.

—Mi hija me dijo que a ella y sus compañeros les quitaban la ropa, los ponían a bailar y les prestaban juguetes. ¿Qué tipo de juguetes? Dime. No sé, me contestó.

Dos hombres les tomaban fotografías y videos. Cada menor, con sus escasas palabras, repitieron lo mismo. Las mujeres tampoco atinaban a entender la magnitud de esas experiencias. Viven en un mundo muy cerrado, donde tanta tranquilidad adormece hasta la conciencia. Ya en la escuela las habían tildado de mentirosas. La directora y la maestra acusadas por los niños decían muy tranquilas a los padres: "Nosotras estamos muy protegidas por la Secretaría de Educación, no nos pueden hacer nada. A ustedes nadie les va a creer. Mejor dediquense a cuidar más a sus hijos, que están repitiendo lo que ustedes hacen en casa".

—Mi niña lloraba y lloraba. Y si le preguntaba por qué lloraba, me decía: "Es que me vas a pegar". No hija, yo no te voy a pegar, te voy a defender, dime que te hicieron en la escuela. Hasta que, entre lloriqueos, repitió lo que otros niños también soltaron: "La maestra nos agarraba en el baño y la directora nos curaba".

—Mi niña era muy noble, jugaba con sus hermanos. Le gustaba que la abrazara, y ahora, si llego y la abrazo o su hermanito o su papá, mi niña se enfurece y llora más. Si la baño mi niña no quiere que la toque. Está muy dañada.

Una de las madres relató que ya se habían registrado otros casos en esa localidad.

—La llevé al centro de salud a que me la revisaran porque yo no sabía ni qué hacer. Y ahí me dijeron que debía ir a Guadalajara, porque ellos no tenían autoridad para aplicar ningún examen de ese tipo. Me insistieron que fuera porque quince días antes habían llevado a otro niño porque le dolían sus partes.

Otra de las mamás dijo con mucha amargura:

—Me comentó el abogado que el examen aplicado a mi hijo había salido positivo que mi niño fue violado.

Como a las madres no les creían, tachándolas de mitoteras, se protegían entre ellas de cualquier intimidación. Edith, quien vive desde que nació en esa localidad ribereña, más de 60 años en el vaivén de un pueblo que parece estacionado en un pasado muy remoto, siempre ha insistido en una cosa:

—Así hayan sido simples toqueteos, es abuso. Pero aquí hubo mucho más. Porque así es como trabajan las bandas de pornografía infantil que únicamente tocan a los niños, les toman fotografías y videos. Pero lo más importante es, ¿dónde quedó ese material?

Menudearon lágrimas entre algunas señoras, crisis de impotencia, de un dolor que ferozmente se les incrustó sin permitir alivio. Tan felices que vivían, sin muchos apuros, solamente los acostumbrados por la falta de dinero. Y lo del kinder les quitó hasta el sueño.

—Hija ¿por qué no me habías dicho? Porque en la escuela la directora dijo que no habláramos de lo que pasaba, porque si decíamos algo a todas las mamás las iban a matar.

Esta comunidad para nosotros está en peligro, nos dijo otra madre.

Al acudir a entrevistarme con el presidente municipal de Chapala, Javier Degollado, aproveché para preguntar si veía también el peligro:

—¡No, no! Aquí en Chapala estamos muy pendientes. Esa escuela siempre ha sido muy tranquila, la directora, la maestra, ahí siguen. Fue un señalamiento contra una maestra. Hasta ahí. Nosotros no podemos juzgar, es algo que no nos compete. Lo que sí le digo es que los niños ya fueron revisados, no salieron afectados, así como decían. Lo anterior lo dijo tan espontáneamente que tuvo que retractarse, confesando que no había llegado hasta él ningún dictamen del Forense.

Nervioso durante nuestro diálogo, argumentaba que era una versión de los papás, sin confirmarse nada. Que la Fiscalía estaba haciendo bien su trabajo y los estudios arrojaban supuestamente que los niños no sufrían ningún daño. Eso era lo que sabía. Uno de los únicos hombres que inició justamente con la primera denuncia, como afectado —porque la mayoría fueron madres— fue perseguido, tanto, que poco tiempo después abandonó el pueblo, temiendo que lo desaparecieran o algo peor. Al principio salió hasta calumniado, acusado de haber abusado de su propia hija. ¿Por qué no me detienen?, me dijo. ¿De los otros niños, también soy culpable?

Y fue muy ridículo lo que al propio edil de Chapala se le ocurrió acerca de ese paterfamilias:

—Ese señor es un vecino que tenía apenas dos meses de vivir en San Nicolás. Me extraña todo ese tipo de cosas que empezó a manejar.

Titubeante, el político sólo atinó a decir:

—Ese hombre tenía algunos problemas… económicos.

—¿Y eso qué? —le cuestionamos.

—Bueno, pues… puede que esté haciendo esto por motivos de dinero.

Y mientras a las madres les negaban la información, en el propio Ayuntamiento de Chapala, la mano derecha del presidente municipal las estaba hostigando. Poco después éste y otros servidores públicos fueron removidos de su cargo por ese motivo. Acudimos luego a las instalaciones del DIF y la delegación de la PPNNA en Chapala, donde nos sorprendió la tibieza e indiferencia de la directora del Sistema que vela por "el interés superior de la niñez". Se declaró ajena al caso, del que no tenía ninguna información, deslindándose además del asunto.

—Sinceramente desconozco de lo que me habla. Además, no somos una autoridad que pueda investigar. En el DIF solo se trata de apoyar. Nosotros a través de un equipo multidisciplinario brindamos ayuda a los niños y a sus papás cuando lo requieran. No podemos meternos en otra cosa.

—¿Ni por tratarse de una escuela, de muchos menores, que pueden estar afectados?

—No nos corresponde —dijo la mujer.

La regidora que tiene la agenda de menores en el Cabildo salió también con los mismos atrasos:

—A nosotros no nos compete esta problemática. Lo único que podemos hacer es facilitarles el traslado al IJCF, donde se les hicieron los exámenes a los presuntos afectados. Y hasta el momento no sabemos los resultados. Estamos a la espera de los mismos para actuar.

Cuando las madres aparecieron en el programa *Para tomarlo en cuenta* del 17 de julio del 2017, en el Canal 44 de la Universidad de Guadalajara, causó el efecto mediático que se esperaba. La historia fue retomada por medios nacionales e internacionales, que enviaron a sus reporteros.

A los impartidores de justicia les había tronado el cuete y no les quedó más remedio que dar la cara. Recuerdo con claridad a un presidente municipal, muy apurado, antes de empezar una entrevista en vivo sobre el asunto, cuando me dijo: "Por favor, ayúdame".

Esta vez, como en otros casos que debieran atenderse de manera pronta, por tratarse de niños y la crudeza de los hechos, tuvo que hacerse público a través de los medios de comunicación para que las autoridades aceptaran que se trataba de algo delicado donde la integridad de los menores había sido vulnerada. Aunque los padres repetían que se trataba de una presunta red de pornografía infantil, ya que les tomaron videos y fotografías, las autoridades soslayaban esos detalles. Los niños seguían sin ser atendidos. Fue después de que el programa saliera al aire, en julio, que las autoridades buscaron en los domicilios de las docentes y sólo estaba una. En pleno período vacacional, ni la directora, ni fotos, ni videos. Ella se había esfumado con todo. De los hombres que se encargaban de tomar los videos y las fotografías nunca se ha sabido nada tampoco.

Entre el miedo a denunciar y la insensibilidad de las autoridades, el ASI queda sobradamente impune. El ASI fue tipificado como delito en el 2012, y con dicha reforma, sólo diez entidades del país lo consideran como delito grave. En 2015 Jalisco aprobó su propia Ley de los Derechos de las Niñas, Niños y Adolescentes.

En julio del 2017, entró tardíamente en acción la CEDH, emitiendo medidas cautelares para que se asignara otro agente del Ministerio Público: "Alguien que garantice el cumplimiento de los protocolos aplicables, con la máxima diligencia". Pidieron además que se ampliara la queja contra la directora del plantel y la maestra de inglés. Que se hicieran las entrevistas al alumnado, que se aplicaran los protocolos. Algo que ya no fue posible porque los niños y el personal estaban de vacaciones.

"Cualquier acto de dilación, de maltrato, representa una sobrevictimización para aquellos que acuden ante esta instancia en busca de justicia. Que se tomen las medidas necesarias para salvaguardar la integridad física y la seguridad de las niñas y los niños. El principio del interés superior de la niñez no admite tardanza. De inmediato es inmediato", nos dijo el representante de la tercera visitaduría, del Defensor del Pueblo. La CEDH desconocía hasta entonces que ya existían resultados periciales.

"¡Que se muevan las autoridades!", gritaban los padres de familia: "Si pensaron que lo hicieron en un pueblo porque la gente no denunciaría, se equivocaron". Recordaron como la directora y la maestra cuando las veían pasar se burlaban de ellas, diciéndoles que ellas seguirían siendo maestras y ante eso nada les pasaría, "estamos amparadas".

"Si a alguno que vio las fotos les gusta un niño, puede venir por él. Ese es el temor que tenemos", nos dijo la activista que lideraba a los afectados.

El 18 de julio del 2017, un día después de haberse publicado por primera vez en la televisión pública universitaria el reportaje con los testimonios de las mujeres, fueron cumplimentadas dos órdenes de aprehensión, una contra la directora del centro escolar y otra contra la maestra de inglés. Seis horas después que se emitieran dichas órdenes, y con las deficiencias en las actuaciones por parte de la Fiscalía, sólo encontraron a la maestra de inglés. La imputada, "Ana", fue vinculada a proceso, a seis meses de prisión preventiva, misma que se fue prorrogando, primero dos meses y luego tres meses más. El asunto se ventiló en el Juzgado de Control y Juicio Oral del Distrito V de Chapala, Jalisco.

Regresaron del descanso de verano y las clases se reanudaron. Por supuesto los padres más agraviados no llevaron más a sus hijos a la escuela. Y las madres que sí acudieron a entregar a sus niños firmaron un oficio en el que daban su confianza plena a los maestros. Era parte del comadreo comunitario.

No fue un caso aislado, que se quedó en el pueblo. Es altamente probable, aseguran las madres, que las fotografías y videos tomados a sus hijos anden dando vueltas en el espacio virtual de las redes del mundo: "Ya hay dictámenes, ya hay resultados, solamente esperamos que la justicia actúe".

Siguieron las intimidaciones de personas que trabajaban en el Ayuntamiento de Chapala. Los niños empezaron a ser atendidos por la Fiscalía de Derechos Humanos, que trasladó su equipo de psicólogos hasta la comunidad. Luego vino el cambio de gobierno estatal y se suspendió el apoyo.

En el verano del 2018, el caso tomó un giro inesperado. Justo un año después que la maestra "Ana" fuera detenida, fue liberada. Varios periodistas nos encontramos ahí, esperando fuera del Juzgado en Chapala. Quisimos ver sus primeras reacciones, esperanzados en que diera alguna declaración. Después del mediodía, vimos que salía a toda prisa del juzgado.

—Estoy feliz, porque soy inocente y se demostró —nos dijo, muy ajena a la sorpresa que le esperaba.

La profesora de inglés, muy indolente, sonriente, se dirigía a toda prisa hacia una camioneta blanca acompañada de sus familiares, quienes esperaban llevársela de regreso a casa. Lo que ella ni su abogado imaginaron es que estuviera a punto de ser nuevamente detenida. El regocijo de la imputada fue súbitamente desvanecido, cuando escuchó las primeras palabras de los oficiales:

—Queda usted detenida.

La penalidad que recibió originalmente la implicada era de cuatro años, pero en este primer proceso alcanzó la suspensión condicional, un beneficio concedido por el juez. Pese a otros posibles casos derivados de los mismos actos que ya se conocían, y cuyas carpetas estaban integrándose, sus abogados no se preocuparon por ir más allá y desconocían que sobre su clienta quedaba algo pendiente.

—Hay una orden de aprehensión contra usted dentro de la carpeta de investigación 3697/2017.

—¿Por qué? —susurró la mujer, cuya sonrisa se había desvanecido.

—Por el delito sexual agravado en contra de una menor de identidad reservada. Nos vas a tener que acompañar. Te vamos a leer tus derechos y te vamos a entregar una copia de la orden de aprehensión, porque así nos lo ordena la Ley.

Ella, al leer el documento que decía: "Para resolver el pedimento ministerial de aprehensión...", se veía aturdida, incrédula.

—Es imputada por la probable participación en el hecho ilícito de ASI agravado.

—Probabilidad, ¿verdad? —agregó la inculpada.

Había llegado a término el proceso por las tres denuncias originales que la llevaron a juicio. Ella se había declarado culpable y acogido al juicio abreviado, por lo cual el juez le concedió la libertad anticipada. Pero había un cuarto niño, y por eso la retuvieron. Mientras, las restantes de las once denuncias seguían su curso, o sea, se le iban sumando una a una, por el mismo delito.

Al partir la camioneta sin la maestra de inglés, su hermano, muy enojado, casi me golpea por haber publicado la historia: "Lástima del premio que te dieron", me gritó.

El abogado de la mujer explicó que no había invocado ningún recurso, porque con las pruebas obtenidas se había demostrado su inocencia:

—Por eso dijo antes de la lectura de su sentencia: "Soy inocente". Ella manifestó que esos niños no podían ser llevados a una comparecencia, a un careo, porque sería más traumático para ellos. Por eso se declaró culpable, para evitarles un daño.

Lo cierto es que quisieron obviar esas declaraciones que la hundirían más, porque los niños querían repetir a quien se los pidiera lo que les hacían las maestras. Los psicólogos los acompañarían, pero no fueron convocados, a petición de los abogados de la mujer. Ella sí contaba con un nivel de apoyo importante del gobierno municipal.

—Estamos demostrando que sí teníamos razón, que todo era verdad, que sí hubo delitos —dijeron las madres.

—¿Cómo un niño puede imaginar algo que jamás había visto en su vida? Ella es culpable y es culpable.

Para el padre de familia que arremetió contra las autoridades y que fuera una y otra vez fustigado, perseguido, sentenció:

—La infamia de esas mujeres no tuvo límites al engañar a inocentes, tocándolos, pervirtiéndolos, forzándolos a "jugar", esto sólo merece la pena capital.

Hay otros implicados que aún no han sido detenidos y parece que nadie los está buscando.

—Es ilógico que hayan dejado escapar a la directora. Además, la orden de cateo en el domicilio de ésta lo realizaron hasta octubre del 2017, cuatro meses después de haberse girado las órdenes de aprehensión, dando tiempo suficiente para que estas personas desaparecieran con las evidencias. Se ha pedido a INTERPOL que emita una ficha roja contra la maestra, sin resultados. Nadie sabe dónde ubicarla. En la que fuera su casa no aparece ya nadie —dice el abogado Gustavo Pimienta Ruiz.

La trascendencia de los hechos motivó que la Comisión Nacional de Derechos Humanos (CNDH) atrajera el caso. En noviembre del 2020 emitió una Recomendación, la 40GV/2020, dirigida al Gobierno de Jalisco y las Secretarías implicadas. Luego de una exhaustiva investigación, la CNDH acreditó actos de violencia sexual contra 58 niños del kínder de San Nicolás de Ibarra. El informe del ombudsman nacional advirtió las anomalías en la emisión de los dictámenes periciales de las valoraciones médicas y psicológicas por parte del IJCF, que había resuelto que sólo cuatro de los once que originalmente se habían presentado habían sido positivos al daño. Hubo omisiones en la carpeta de investigación por parte del personal de Fiscalía, a quien exhortan a reabrir nuevas averiguaciones por los otros 43 niños: a que sean inscritos en el Registro Nacional de Víctimas, que se coloquen cámaras en las escuelas y se apliquen los protocolos de seguridad. Una robusta recomendación que llega a las 300 páginas, una lista agridulce de los agravios, la posible reparación.

Para el Gobierno del Estado fue como un jaloncito de orejas, sin más repercusión. Si bien dijeron "aceptar la totalidad de los puntos recomendados", prometieron medidas, que a dos años no han visto la luz: "En los próximos meses estaremos presentando de manera formal el Programa Estatal de Protección Integral de NNA, con 157 líneas de acción, 20 líneas dedicadas a atender de manera directa la violencia en contra de la niñez con cuatro dimensiones: supervivencia, desarrollo, protección y participación política en los espacios que afecten su esfera de derechos". Tampoco han presentado el diagnóstico sobre las acciones para "poner fin a la violencia contra NNA", ni el protocolo interinstitucional para atender los casos. Insistiendo que la Fiscalía, "sí actuó en tiempo y forma, abrió cuatro carpetas de investigación, se detuvo a la maestra...". Sin admitir en su retórica oficial haber cometido ninguna omisión o negligencia, aceptando indemnizar a los menores y a sus padres. Hasta el 2022, ni Gobierno de Jalisco, ni la Fiscalía, ni el IJCF han cumplido a cabalidad ni en lo más sencillo, es decir, que el Gobernador del Estado, Enrique Alfaro Ramírez, se disculpe públicamente con las madres. En marzo del 2022 hicieron entrega de 300 mil pesos correspondientes a la reparación del daño a tres menores. La atención a los menores ha sido esporádica, a paso de tortuga. Dos administraciones y las prácticas son las mismas.

Chapala es un municipio donde es alta la incidencia de delitos sexuales, un poco atrás de Puerto Vallarta. Un problema social grave, abominable, más tratándose de niños. En la Ribera de Chapala estos delitos se están cometiendo continuamente. Esta recomendación fue solamente una llamada de atención al Estado, que ni se conmovió.

En el tan sonado caso, la lentitud de la justicia favoreció la impunidad. La presión social fue apabullante, de otra manera hubiera quedado como un expediente archivado en el seno de una Fiscalía que no se da abasto ante el abrumador número de delitos.

Pero la historia tiene todavía otras consecuencias. Escuchamos la historia de Lupita, una niña que vivió algo difícil en su familia:

Andaba buscando a mi hermano y vi su bici tirada en el arroyo. Se me hizo raro, porque él no estaba. Me brinqué del puente y miré a un niño con los pantalones abajo encima de mi hermanito, quien gritaba.

—¿Qué están haciendo? —les dije.

—Nada, estábamos jugando.

—Eso no es jugar, voy a ir a decirle a tu mamá, porque eso está muy mal.

—No, no les digas porque nos van a pegar y nos van a encerrar en la casa.

Yo corrí a decirle a mi mamá. Mi hermanito me dijo que lo llevaron a la fuerza, que él nunca quiso ir, que le prometieron que le iban a comprar papitas y canicas si se dejaba.

Lupita se refiere a su hermano de siete años que fue sometido sexual y violentamente por otros tres, cuyas edades fluctúan entre los 8 y los 10 años. Esos niños son del mismo pueblo de San Nicolás, y presuntamente fueron parte del grupo contra cuyas maestras atentaron sexualmente en el mismo kínder. Los tres victimarios nunca recibieron atención psicológica porque sus padres no lo admitieron por temor a que los estigmatizaran, ni ha avanzado la denuncia de la madre. Los niños tenían en su poder una tablet con la que estaban grabando, mientras uno se montaba sobre el más pequeñito. Eso fue el año 2021.

—¿Y es la primera vez que lo hacen? —pregunté a la niña de 11 años.

—Mi hermanito me dijo que van como tres veces que lo hacen.

—¿Y cómo te sientes? ¿Conoces a esos niños?

—Ahorita bien. Pero cuando pasó eso estaba muy asustada. Sí los conozco, pero yo no les hablo. Está pasando algo muy feo y no quiero que les hagan lo mismo a los demás niños. Porque se siente feo. Antes, de recién pasó eso, yo me levantaba en las noches y gritaba, porque no me podía quitar eso de la cabeza. Sentía mucho coraje.

—¿Y tu hermanito como se siente?

—Está mejor, ya no sale, se queda aquí. Siempre lo estamos acompañando.

Luego la madre, llamada Iveth, quien trabaja en intendencia del Ayuntamiento de Chapala, lo llevó a Servicios de Salud para que lo revisaran. Ahí los galenos que lo atendieron la enviaron a interponer una denuncia, porque ellos no podían decir ni hacer nada, a pesar de que tienen la obligación de dar parte a las autoridades que corresponda. Dos meses después le dieron una cita para que lo atendieran en el servicio de psicología.

—Cuando supe todo lo que le pasó a mi niño, sentí que me estaban apuñalando el corazón. Nunca pensé que hubiera tanta maldad aquí en el pueblo. Peor que somos familia. Y que los chiquillos estuvieran grabando video fue algo que la Fiscalía no le tomó importancia. Se me hace rara esa actitud, porque yo los cuestioné, pero no me hicieron caso.

Desde que nació la madre, ella y sus tres hijos viven en una casa con piso de tierra, desnudas paredes de adobe y dos cuartos muy oscuros retacados de tiliches.

—¡Estoy alterada! Perdóneme por lo que voy a decir, pero yo quisiera matar a esos niños, se lo juro por Dios, porque no hay justicia. Si fuera un niño rico, las autoridades ya se hubieran movido. Yo, si los agarro… no sé lo que voy a hacer. Las autoridades correspondientes no han investigado nada.

Mientras, la criatura, llamada Abdul, ha cambiado mucho, se ha vuelto violento y pareciera que por dentro lo están aguijoneando. De ser un chico dócil y obediente se volvió huraño y agresivo.

En torno a éste y los numerosos casos de violencia sexual contra los menores en ese municipio, lo asombroso es la actitud de la Procuraduría de Protección de Niñas, Niños y Adolescentes en Jalisco, Eurídice Paredes Jaramillo, que sin ningún pudor, ni explicación alguna, en tono prepotente advirtió a un organismo que trabaja para la prevención del ASI: "Con Chapala y Puerto Vallarta no se metan". La hoy exprocuradora, indiciada hace algunos meses por el presunto tráfico de niños institucionalizados por el entonces Consejo Estatal de la Familia, se despidió o fue despedida de su cargo "por cuestiones personales", según Juan Carlos Martín Mancilla, director general del Sistema DIF Jalisco.

Pagos seguros

Un factor que facilita la explotación sexual infantil, el flujo de MASI y su comercialización, es la forma de pago. Los ciber-delincuentes están usando las monedas digitales o criptomonedas, dinero virtual por el que no responde ninguna institución bancaria, que no está regulado por algún banco u organismo financiero. Su uso deja libre el camino a los delincuentes, sin intermediarios bancarios.

El bitcoin, que se puso en marcha en el 2009 y cuyo precio ha tenido fluctuaciones en su valor, está en pleno crecimiento, porque tiene todas las características del dinero, según dicen sus promotores. El pequeño país centroamericano, El Salvador, ha adoptado la criptomoneda como su moneda de uso oficial, y el gobierno creó la billetera digital Chivo para hacer más fácil las transacciones del bitcoin.

El concepto de dinero digital se presenta como una alternativa a las poderosas monedas como el dólar o la libra, lo que da paso a la especulación. Esta sencilla explicación sólo me lleva al tema que nos atañe. Es decir, ¿cómo se pagan los servicios en línea cuyos contenidos son el material de abuso sexual, la trata o la prostitución sexual infantil sin que las unidades de inteligencia detecten dichas transacciones? Preguntamos.

El presidente y fundador de Fundación PAS, Eduardo Cruz Moguel, nos da ciertos detalles de la forma en que los pederastas están pagando por algún servicio en línea como el MASI, la trata de personas:

Las transacciones se hacen con criptomonedas. Ejemplo: una persona solicita un niño para actividades sexuales de un país al que va a viajar. Si este niño se encuentra en Puerto Vallarta, por ejemplo, el delincuente puede desde su país de origen, sea Estados Unidos, Australia, Canadá, cualquier lugar de Europa o incluso en México, contactarse con otro delincuente y hacer el pago correspondiente con dinero digital a cambio de ese niño. Todo queda arreglado antes del arribo a suelo mexicano del interesado. El sujeto al llegar al aeropuerto se encuentra con el pederasta o explotador sexual, quien pone a su disposición a ese niño como si se tratara de un paquete. Imposible rastrear los pagos, imposible saber cómo fue seleccionado ese menor, dónde está el catálogo, dónde lo exhiben, quién lo promovió. Y ese es el camino de la trata, de la prostitución infantil: una fotografía, un video, cuyo primer contacto fueron las redes sociales.

Para los niños todo inicia como un juego. Le sigue una fotografía, luego un video, y el siguiente paso de los explotadores sexuales es pedirle al menor que tengan un encuentro personal en algún lugar, lejos de su domicilio, una manera de entregarlo al que solicitó el servicio. De ahí la advertencia que todos los organismos hacen respecto al *grooming*, que puede llevar a esos menores a convertirse en posibles víctimas de un tema de trata, de explotación infantil y que los padres deben tomar en cuenta, supervisando todo el tiempo a los menores mientras están conectados a internet.

Por algo México está siendo considerado como un paraíso de prostitución infantil a nivel mundial: Acapulco, Guerrero, Cancún, Q.R., Puerto Vallarta y Chapala son donde se están registrando más casos de ASI gracias a la laxitud en las leyes, al descuido de las autoridades y de los padres, que se enfrentan a un invisible delincuente, sin las herramientas y protocolos para descubrirlos. No hay control ni en mínimas acciones.

Un detalle simple: en ningún hotel de Puerto Vallarta, de Cancún o Acapulco prohíben la entrada de un adulto con un menor a las habitaciones. No preguntan en recepción qué relación hay entre los dos, no piden ninguna información y el paso es libre. Estamos importando así más agresores sexuales a nuestro país. Los extranjeros, los visitantes, consiguen lo que en sus países de origen, donde hay más controles y respeto a las leyes, nunca podrían alcanzar.

Aparte de que esos tipos que están comercializando a los niños para fines diversos, o produciendo material con contenidos sexuales, no dejan rastros de sus transacciones. Además, la falta de una policía cibernética eficiente en todos los estados de la República hace aún más difícil perseguir este tipo de violaciones. No existe tampoco una buena bolsa presupuestaria para dar seguimiento de los casos, ni el personal suficiente. En el país, un fraude bancario es más perseguido que la prostitución infantil. De ahí el floreciente negocio que pocos se atreven a calcular.

Al preguntar a los investigadores sobre la generación de dinero que está provocando la distribución y consumo del MASI en el mundo, pocos se atreven a dar cifras. María del Pilar Ramírez Argueta, de ICMEC, responde de manera espontánea: "Es imposible".

Para Jordi Martin Domingo, especialista en prevención del ciberdelito de la Oficina de la ONU Contra la Droga y el Delito (UNODC), hablar de cifras que genera el comercio del MASI en el mundo es muy difícil:

> En el reporte mundial de trata de personas, al identificarse que este delito está muy vinculado al abuso sexual en línea, queda incluido dentro de esa categoría como parte de los comercios ilícitos que ocupan los tres primeros lugares en el mundo del crimen organizado y que son los más lucrativos. No es fácil saber cuál de ellos está en primero, segundo o tercer lugar, entre el tráfico de armas y el tráfico de drogas. Pero sabemos que la explotación del ser humano está en el top tres del crimen organizado.
>
> La trata es un camino donde el primer paso es la captación, luego el traslado hasta la recepción de la víctima. La interconexión en las redes sociales propicia no solamente las acciones más legítimas como una oferta de trabajo, la venta de un producto, sino que es un abanico tan abierto que da entrada a acciones nocivas y peligrosas. Y he aquí la diferencia entre los delitos tradicionales, como la estafa, el secuestro, etcétera, y los ciberdelitos. Estos últimos utilizan la tecnología para su cometimiento. Si bien la extorsión existía antes de la era digital, lo que están haciendo los delincuentes es incorporar la tecnología para que sea más eficiente, para llegar a más personas y producir mayores ganancias. Y del otro lado están

los delitos que se generan desde la propia tecnología, como el hackeo o la intromisión de un servidor informático, que no existiría sin ese servidor.

Hablar pues de cifras del ASI en el mundo es complicado, y la razón es que la mayoría de los infantes no denuncian y no se queda registrado en ningún lado. Por la naturaleza del delito nos hemos dado cuenta que no se atreven a denunciarlo. Son delitos muy ocultos y hace falta que salgan a la luz para que las autoridades puedan actuar, y los padres puedan ayudar a sus hijos. Son delitos silenciosos, donde los pequeños pueden pasar mucho tiempo sin pedir ayuda, creyendo que pueden resolverlo solos, manteniendo el miedo que les impide externar su desgracia.

En diferentes foros organizados por el propio Senado de la República, se han aventurado a estimar que la explotación sexual y el MASI generan ganancias por más de 30 mil millones de dólares anuales. Las averiguaciones previas y las sentencias condenatorias por este delito en México son casi inexistentes, el dinero que se genera pasa al campo de la especulación.

En el espacio cibernético, desafortunadamente, los delitos de carácter sexual son los que están alcanzando a más niños, niñas y jóvenes en el mundo, convirtiéndose en uno de los negocios más vigorosos.

Abusos clericales

"Al que escandalice a uno de estos pequeños,
más le vale que le cuelguen al cuello una de esas piedras de molino
que mueven los asnos y lo hundan en lo profundo del mar".
(MT, 18,6 SS) PALABRAS DE JESÚS, QUE MUCHOS
INTERPRETAN COMO UNA SENTENCIA DE MUERTE

A principios del siglo XXI una sombra de vergüenza cubrió a la Iglesia católica, fragmentando los cimientos de la fe y el amor en que se basa su dogma. Fue aplastante. La ola de acusaciones por abuso sexual de sacerdotes rápidamente creció, luego que los medios de comunicación comenzaron a difundir casos que se habían ocultado durante mucho tiempo. Las víctimas pertenecen a generaciones enteras, cuyas vidas, con todo y almas, fueron resquebrajadas.

Fue como si se hubiera destrabado una puerta que a hierro, sangre y fuego se mantuvo cerrada durante siglos. "Se acabó la fiesta...", declaró el Papa Francisco en 2019, entre otras tantas prometedoras palabras que ofrecían tolerancia cero al abuso de menores por sacerdotes. El asombro no cesa. La Iglesia católica en cada país dice que hacen su esfuerzo para renovarse y limpiarse de tantos sacerdotes fornicadores, a la par de víctimas que reclaman y no olvidan. Pero mientras más le rasquemos, más pestilencia expele. Pero esta nueva actitud de la Iglesia católica apenas inicia.

Tras descorrer las aterciopeladas cortinas color púrpura, el mundo con la boca abierta se iba enterando que entre sus ritos nada piadosos, muchos religiosos de todas las congregaciones de manera sistémica abusaban de los menores. Colegios, seminarios, capillas, curatos, confesionarios, misiones, habitaciones y baños fueron escenarios donde en nombre de Dios y rezando plegarias bajaban pantaloncitos, falditas y voluntades. El marco que asegura las secretas acciones en los claustros o en seminarios y escuelas es la fragilidad infantil dócilmente doblegada por el miedo, la obediencia ciega y la culpa. En otro de los ángulos están las comunidades donde los superiores han sido cómplices, negligentes, encubridores, hipócritas y cobardes, que incluso dándose cuenta de las depravaciones de sus religiosos seguían en la simulación, pretendiendo que nada perturbara la sosegada paz de sus claustros. Los dos ángulos restantes lo rellenan las autoridades y los padres de familia, que de modo distinto son también responsables, dejando que la legión de afectados se engrose en la misma medida que la impunidad y tolerancia.

La permisividad rampante y el fariseísmo dejaron abierta la puerta para que se perpetuaran en la iglesia personajes como Marcial Maciel, que de haber sido sometido a la ley de Dios y de los hombres cuando se supo el primer caso de abuso sexual contra seminaristas mexicanos alrededor de 1940, no hubiera arruinado durante casi 60 años la vida de tantos.

Todavía en el año 2000 fui testigo de la fastuosidad y el servilismo contenido en la celebración de los 80 años de Maciel, donde ordenó 80 jóvenes en Santa María la Maggiore en Roma, en la que se esperaba, por cierto, la presencia de los esposos Fox-Sahagún, que no llegaron. También le hubieran puesto un estate quieto a otro de la misma ralea de Maciel, el padre Fernando Martínez, de quien se sabía que violaba niñas y niños desde 1961, pero muy fraternalmente les permitieron seguir dirigiendo vidas y destinos, sin juicio y sin castigo. Este último está viviendo sus últimos años tranquilamente en una casa entre las siete colinas de Roma.

Al redactar este apartado, el periódico español *El País* (11/03/22) publicó que la Conferencia Episcopal Española reconoció 506 denuncias por pederastia clerical en los últimos 80 años, aunque el mismo reportero que consigna el hecho afirma que esa es una cantidad menor a las 1 246 víctimas que ese diario ha registrado. Y así, como un niño que da sus primeros pasos, la Iglesia en cada país camina hacia la restauración y el perdón de los menores que fueron socavados en el olvido. Así, dando tumbos y a veces palos de ciego.

En algunos países, como Francia, han optado por crear una comisión independiente que investiga los abusos sexuales en la Iglesia. Como resultado, se reveló que de 1950 a 2019 alrededor de 216 mil fueron ultrajados por obispos y sacerdotes. En Alemania, investigadores privados registraron tres mil 677 entre los años 40 y el 2014, con menos de dos mil sacerdotes denunciados. Y si brincamos a Irlanda, más de mil 300 sacerdotes han sido acusados y solamente 82 han sido condenados, y eso que en el 2018 reconocieron que 25 mil menores habían sido violados por 400 sacerdotes. En Australia, registros de mediados del siglo XX contabilizaban casi cinco mil víctimas de 167 ungidos. Estados Unidos reconoce a más de 100 mil niños y niñas. En México, ninguna fuente de información revela cifras globales del problema, aún no entramos en esas tesituras. Faltan datos duros. ¿Cuántos casos existen, cuántos son denunciados, cuántos se han registrado? Y ¿cuántos no se denuncian? Ni el INEGI se ha metido en esos arrabales.

La Congregación de la Legión de Cristo reconoció en un informe publicado en 2021 que 33 de sus sacerdotes habían abusado de 175 menores entre los años 1941 al 2019, y que sólo 60 fueron víctimas de Marcial Maciel. Es difícil creer que sean tan pocos, como si la cautela y la reserva fueran parte del mismo paquete.

Alberto Athié, quien fue sacerdote diocesano y que acompañó a los 8 exlegionarios que en 1997 iniciaran abiertamente las denuncias contra Marcial Maciel y sus actos pederastas, y poco después contra Norberto Rivera Carrera por encubrimiento, nos relató su experiencia:

Esa cantidad no escandaliza mucho. Hablar de 175 es un número manejable, por eso lo hacen. Mira, son meras aproximaciones. Lo que sabemos es que Maciel llegó a abusar de más de 100 niños. Él solo.

Lo único positivo es que están empezando a reconocer que el problema existe y que en cuanto se descubra un caso deben hacerlo del conocimiento de las autoridades civiles. Antes ni siquiera lo hacían.

Conocemos de otros sacerdotes de la Congregación de Maciel, como Fernando Martínez, que en los años 90 abusó de niñas en Cancún, aunque pocas lo denunciaran jurídicamente.

Hablar de las tropelías de sacerdotes maristas, lasallistas, claretianos, diocesanos, legionarios, opusdeistas y de todas las manzanas podridas de la viña del Señor, resultaría prolijo y repugnante. Leer y escuchar testimonios de esos que se tropezaron un día con la depravación andante es en sí una experiencia demoledora.

Lo más importante sería que los cardenales, obispos y sacerdotes, reconozcan que la problemática de la sexualidad humana existe en su iglesia. Que hay sacerdotes que tienen cierto tipo de tendencias, no solamente de homosexualidad.

El encubrimiento y la complicidad de autoridades civiles y nacionales, más los protocolos establecidos por la Santa Sede, provocaron la secrecía y la protección de los clérigos. El documento del Santo Oficio, que regula los protocolos a seguir en casos de clérigos acusados de utilizar el sacramento para abusar sexualmente "Crimen sollicitationis", aprobado por el Papa Juan XXIII, en 1962, y ratificado por Ratzinger en el 2001, señala que ese tipo de casos los llevarán los obispos y arzobispos al interior, como secreto pontificio. Así pretendieron resolverlo. Pero nunca pudieron. Se les fue de las manos.

Tuvieron que salir de los claustros, buscando justicia. La Iglesia por tradición seguía sus propias leyes, por encima de las leyes civiles, como si verdaderamente fueran tan santos y no transgredieran los mandatos, aunque lo hacían.

En el caso de Marcial Maciel, primero hubo un silenciamiento a las víctimas. Para él, una llamada de atención, como un coscorrón, sin perder su cargo, desde 1941. Continuó usando a los niños toda su vida en España, Italia, en países asiáticos y en México, donde es muy cotidiano el abuso contra los menores.

Además, el señor dejó una escuela, no solamente de abuso sexual, sino de cómo infiltrar la Santa Sede, las iglesias, los obispos. Espionaje puro. Él tenía que enterarse de todo, le comunicaban todo lo que sucedía.

Es una experiencia muy dolorosa y lamentable para los muchachos. Sabemos que tuvo dos mujeres e hijos, de los cuales abusó también, uno de ellos lo reveló en 1997. Lo peor es que ni Maciel ni Martínez han sido los más lesivos en México, hay muchos más. Está el prófugo de San Luis Potosí, el padre Córdova, que violó a más de cien niños. Otro en Oaxaca a más de cien menores indígenas. En la Ciudad de México, varios sacerdotes diocesanos, en Guadalajara, Monterrey, Ciudad Juárez. Es que México es un país donde aparentemente no pasa nada, pero pasa todo y fuerte.

Así, tras la manipulación, la negación, la sacralización del sacerdote, la iglesia y la sociedad entera han ido perdiendo la batalla. Porque no basta que, según la Convención Internacional de los Derechos de los Niños, este delito no prescriba, y que la Iglesia —en su caso— esté pidiendo ahora que prescriba cuando el niño haya cumplido los 38 años. No basta eso. El hecho que pidan disculpas públicas no va a resarcir la vida destrozada de tantos.

Primero silenciamiento, luego la negación y hablar sólo de algunos casos. Hay declaraciones de obispos que dicen que sus homólogos de Estados Unidos "son muy cochinos", dándose baños de pureza. "Bueno, sí tenemos uno que otro sacerdote pederasta, pero los estamos manejando, ya los controlamos y resolvimos", dicen. Algo que a nadie nos consta. Rivera Carrera está acusado de encubrir sacerdotes en Tehuacán, en la sierra de Puebla, en la Ciudad de México, a Maciel, porque de éste último tenía la consigna de protegerlo a como diera lugar porque era el delfín del Papa Juan Pablo.

El ex sacerdote señala que han luchado por la creación de una comisión de la verdad y la justicia para así obtener datos e investigar, pero no lo han logrado:

Porque en México hablar de ciertos temas significa descalificación, si se habla de abusos, sólo podemos tener aproximaciones, porque faltan esos estudios serios en cada estado, en cada organización religiosa. Admitir que existen es una cosa, pero atacarlo de frente es otra. Nadie le entra. Ahora mismo surge el escándalo de Francisco Serrano Limón, lasallista, miembro de la organización de ultraderecha El Yunque, quien también sodomizó a varios jóvenes seminaristas. Y siempre se cree que con dinero se puede acallar todo, esa ha sido una práctica común.

No sabemos más de lo que hicieron los sacerdotes porque dicen que cuentan con sus propios protocolos, sus nuevas medidas de protección hacia los niños en la iglesia y dentro de las familias, pero no existen. Sólo están los que brindan las instituciones. La mayoría de los afectados, a través del miedo y las amenazas, entierran su desgracia.

La cuestión, deduzco yo, es que se necesita ser todo un personaje de la farándula como Harvey Weinstein, condenado a 23 años de prisión por sus delitos sexuales a más de 80 mujeres de la industria del cine, y que provocó el movimiento #MeToo. O del jet set, como Jeffrey Epstein, o de la alta curia, como Maciel, para llamar la atención de las autoridades, que en teoría deben atender cualquier denuncia, de cualquier hijo de vecino.

La Iglesia católica tiene muchos problemas que debe resolver, como el de la sexualidad mal conducida, mal aplicada; quien está muy cerca en las batallas de chicas, es, con otras mujeres, Ana Lucia Salazar, de Monterrey, abusada en Cancún, como otras niñas, por Fernando Martínez, que fue director del Colegio Cumbres. El grupo de los 8 exlegionarios de Cristo que originalmente denunciaron creció a más de 40. Y ahí siguen luchando contra el dolor y el olvido, porque saben que así mantienen viva la causa.

Hablé con un hombre que vivió el abuso de Marcial Maciel. No quiso que diera su nombre, pero sí habló. Durante diez años fue su hijo predilecto, fungió como confidente, enfermero e instrumento de alivio para el padre Maciel, quien lo convenció —como a los otros— con el chantaje emocional, diciéndole que padecía una terrible y dolorosa enfermedad que lo obligaba a pasar largos períodos en cama y que sólo mitigaba con masajes en las piernas y la inyección de drogas poderosas como la morfina. Justificaba así la presencia de esos niños, a los que hábilmente manipulaba.

Las consecuencias fueron funestas y los estragos permanecieron durante años sin que la historia saliera a la luz, porque además la Iglesia no hizo nada al respecto. Años después un grupo de exlegionarios empezaron a hablar, y en él estaba nuestro entrevistado:

—En 1997, lo denunciamos públicamente. Pero no nos hicieron caso. Porque nada salía del ámbito religioso.

—¿Y usted, qué sigue esperando?

—Lo que Ratzinger prometió que nos iba a dar: una compensación, al menos económica, para ir pasando el último período de nuestras vidas.

—¿Cómo se siente hoy, cuando a pesar de todo, no ha habido ni reparación del daño, ni alivio para las víctimas?

—Siento una terrible desilusión, por decir lo menos. Mira, me arrancaron de mi medio familiar, de mi posible vocación religiosa, además de todo el sufrimiento que padecí durante años. Y es que la pederastia es un mal muy incrustado en el ámbito clerical, incluso a niveles jerárquicos muy altos. El mismo cardenal anterior en Jalisco tenía fama de ser pederasta, y no digamos el de México.

A su avanzada edad, nuestro entrevistado se siente prácticamente derrotado. Sin esperanza de alcanzar justicia.

—Había en la Iglesia una actitud o tendencia a ver el pecado, no el delito. El pecado se perdona en la confesión y punto. El delito es otra cosa.

Nítidamente recuerda a quien tanto lo dañó en esa etapa de su preparación que lo llevaría al sacerdocio.

—Mira, Maciel tenía una habilidad para engañar, asombrosa. Era un mago para convencer y fingir lo contrario de lo que era. Tenía cara de santo. En el seminario, se encerraba en su cuarto, bajaba las cortinas, dejando solamente un rayito de luz, donde podías ver la cama y al padre Maciel, ahí acostado. Nos llamaba, uno a la vez.

Para el exlegionario, que vive en Guadalajara, casado, el haber pertenecido al círculo rojo —como lo describe en su libro Fernando M. González, *Pederastia clerical o el retorno de los oprimidos*— de los cuidadores o favoritos de Maciel, fue devastador a lo largo de su vida. Una avalancha de confusiones, culpas, depresiones, que difícilmente ha conseguido superar. En el libro mencionado, el autor consigna, de acuerdo a los testimonios recogidos, lo siguiente: "Es notorio que todos los que cuidaron del padre Maciel en su enfermedad, eran muchachos bien parecidos, y que la mayoría salió de la Congregación".

Un testigo de los hechos, entre los muchos que consigna en su libro Fernando M. González, es el de un sacerdote de la misma escuela y mañas de su fundador, Luis Ferreira, "a quien correspondió explotar la bomba... aunque evitó hablar de sus propias pederastias". Ferreira describe que la supuesta enfermedad de Maciel consistía en que se le "acumulaba el esperma en los testículos y esto le ocasionaba dolores muy fuertes, incluso con frecuencia le hacía perder el sentido". El abusador les pedía a los niños que le dieran masajes en las piernas, luego los iba guiando hasta que le manipulaban el pene para que pudiera sentir el alivio. Pregunté:

—¿Cómo los convencía el padre Maciel?

—Les decía que sólo así podía tener polución y aliviar sus cólicos.

—¿Cómo se justificaba con usted?

—Me decía que no recordaba nada, que eso sucedía bajo el efecto de las drogas. Les aseguraba que estaban perdonados, que Pío XII (1876-1958) había otorgado el permiso para que lo hicieran, por si tuvieran dudas de que algo estaba mal. Con la absolución del pecado, todo se borraba.

Y es que el propio Maciel, cuando niño, fue víctima de abuso sexual de parte de hombres con los que convivió en el cerro a donde lo mandó su padre. Según cita Fernando M. González, la violencia sexual que sufrió y que infligiría a numerosos de sus discípulos se sostenía por dos pactos secretos: primero, con su propia familia, y posteriormente con los que serían sus discípulos.

Volvamos a nuestro anónimo narrador:

—Recuerdo también cómo Juan Pablo II emitió una carta a todos los obispos prohibiendo denunciar jurídicamente a sacerdotes, para protegerlos. Eran parte de los secretos pontificios, en los cuales se incluía la pederastia, ya que deberían juramentarlos con las manos sobre los Evangelios.

El investigador universitario del ITESO, sacerdote jesuita, experto en movimientos sociales y ex director del Centro de Derechos Humanos Miguel Angel Pro (PRODH), David Velasco Yáñez, afirma:

México destacaría entre todos los países católicos como el lugar donde se cometió el mayor abuso, el mayor silencio y el mayor encubrimiento. La Iglesia no sabía ni qué hacer y lo fácil era tapar, ya que se privilegiaba su imagen, pese a los hechos. Se les fue de las manos.

Definitivamente es un tema del que se tiene que hablar. En México ocurrió una de las mayores brutalidades contra menores, sistemáticamente y a lo largo de los años. Quizá una de las mayores simulaciones y que son motivo de delitos, porque "tanto peca el que mata la vaca, como el que le detiene la pata".

Imagínate las víctimas de Maciel que se entrevistan con Norberto Rivera, que era el arzobispo primado de México, que les dice falsarios, cómplices, que sólo estaban buscando la destrucción de la Iglesia. Pero ¡qué barbaridad! El abuso clerical es un abuso de poder que impone silencios, complicidades, sentimientos de culpa.

Hablar y encarar es un mecanismo de prevención, no es el único, se deben aplicar una serie de recomendaciones y protocolos, de procedimientos, esos que se produjeron en el Encuentro del Vaticano del 2019, que tienen que seguir tanto los obispos como los directores de los seminarios.

Y es que, con el poder sempiterno de la poderosa Iglesia, ésta protegía sus vergüenzas gracias a la secrecía clerical, propiciando con ello el ocultamiento de los depredadores. Si a eso le sumamos el respeto sin reservas y los escarceos entre Iglesia y Estado que prevalece en México, los crímenes eran fácilmente tolerados.

De acuerdo a la información de la CEM, 157 sacerdotes han sido "suspendidos" por los atentados a los menores en los últimos 12 años y, por ejemplo, en Jalisco, según nos declaró el actual obispo José Francisco Robles Ortega (2020), sólo tres sacerdotes han cometido ese tipo de ataques en su diócesis, mismos que han sido presentados ante la Fiscalía para su seguimiento. Desconociendo el prelado si ya fueron juzgados, si están tras las rejas o continúan libres. "A nosotros no nos toca denunciar, sólo dar parte a la autoridad. Si familiares o allegados de los niños nos dicen que hay una falta de esta naturaleza y vemos que hay una alta probabilidad de que sea cierto, nosotros lo comunicamos, no lo denunciamos a las autoridades, solo damos parte".

El silencio, los engaños, las amenazas soterradas, el descrédito fueron denominadores comunes del clero hacia sus miembros más inocentes: los niños. Tal vez las historias se escriban en inglés, alemán, español, francés, en cualquier caso, el quiebre espiritual de las víctimas exige castigo con el peso absoluto de la justicia. Aunque acceder a ella, en México, ha resultado frustrante, doloroso y, en muchas ocasiones, casi imposible. Pese a ello no se han logrado acallar las voces, que hasta la fecha continúan surgiendo imparables y que evidencian un aberrante cáncer moral y social. Hoy la Iglesia católica ha roto el silencio y abiertamente invita a sus feligreses a denunciar cualquier ilícito de parte de sus sacerdotes.

El año 2020, la Conferencia del Episcopado Mexicano (CEM) informó que en los últimos 10 años habían sido investigados "271 casos por abuso sexual, más 155 procesos por otras faltas... 426 sacerdotes que han sido investigados, 173 procesos están todavía en curso, 253 procesos completados y 217 han sido dimitidos del orden clerical". Al contrario de hace décadas, hoy la Iglesia admite estar del lado de las víctimas, no de los victimarios, y además los obispos se pronunciaron fuertemente contra la prescripción de diez años del delito de ASI. Tantos agravios de sacerdotes han motivado, desde el Vaticano, estos vientos de cambio. La Legión de Cristo, asegura que están en marcha los procesos de reparación del daño.

Curiosamente muchos implicados jamás fueron detenidos y murieron sin pagar por los crímenes cometidos contra decenas de niños, como el "padre Nico".

Nicolás Aguilar Rivera, abusando de sus hábitos clericales, sodomizó un promedio de 200 niños, entre monaguillos, sobrinos y primos. En su mayoría ocurrieron en México y una treintena en Estados Unidos. Entran aquí los que nunca denunciaron. La curia mexicana lo escondió y lo protegió, siguiendo la práctica común: cambiarlo de parroquia. Lo que no pudo la Iglesia fue evitar el escándalo.

El que olía a incienso, se lo tragó la tierra, y nunca encaró la justicia. Extraoficialmente se sabe que murió, pero no hay registros de la fecha. El director en México de la Red de Sobrevivientes del Abuso Sexual por Sacerdotes (SNAP, por sus siglas en inglés), Joaquín Aguilar, quien fuera víctima del "padre Nico", nos cuenta: "A mí me ha llevado muchos años aprender a vivir con eso. No ha sido fácil. Pero sí, a lo largo de los años, acompañado siempre de mi familia, he podido salir adelante".

Nicolás Aguilar Rivera fue encontrado tirado en la calle luego de ser gravemente herido por dos adolescentes. Esto ocurrió en Puebla en 1986. Ese mismo año, una madre de familia interpuso una denuncia en su contra por haber abusado de su hijo menor. La respuesta del entonces obispo de Tehuacán, Puebla, Norberto Rivera Carrera, fue enviarlo a una parroquia de Los Ángeles, California: "Por problemas de salud y familiares". A su regreso a México, en 1987, supuestamente Nicolás Aguilar estuvo en rehabilitación en la "Casa Alberioni", considerada refugio de pederastas en Guadalajara (hoy cerrada), donde por lo visto no se rehabilitó, porque al ser asignado a otras parroquias volvió a las andadas, afectando a más menores.

Hasta la fecha no se sabe con exactitud a cuántos niños violó, ya que el mismo cardenal Roger Mahony declaró en una carta enviada en 1988 a Rivera Carrera: "Es casi imposible determinar con precisión el número de acólitos que él ha molestado sexualmente, pero el número es grande". En la misiva, Mahony seguramente se mordió la lengua al advertir al purpurado mexicano de las acciones depravadas y criminales de este sacerdote durante su tiempo en la capital angelina. Sin embargo, la Iglesia católica no hizo nada al respecto y el "padre Nico" siguió con sus delictuosos actos, con sus pecados imperdonables, declarándose inocente, aún cuando se sumaban denuncias, pero que convenientemente le concedieron el recurso de amparo para continuar a sus anchas, penetrando sexualmente a pequeños, tal vez hasta su muerte.

Lo irónico es que tanto Mahony como Rivera Carrera cojeaban del mismo pie. Mahony fue retirado en 2013 de la Arquidiócesis de Los Ángeles y del ejercicio de sus funciones por haber encubierto a sacerdotes pederastas; como su homólogo mexicano, también los enviaba a otra parroquia. Las razones que culminaron con el forzado abandono de su grey fueron por el ocultamiento de archivos que la Corte angelina obligó a dar a conocer, donde aparecían los nombres de los 124 eclesiásticos que desde 1942 hasta el año 2007 abusaron de 508 menores, a los que la arquidiócesis indemnizó con 660 millones de dólares, acción que muchos catalogan como pago por su libertad. Mahony ha externado su "sincera y personal disculpa", lo mismo hicieron los Papas Ratzinger y Francisco Bergoglio. La diferencia entre los clérigos del país del norte y México es que allá reconocieron, indemnizaron y hasta encarcelaron a curas. A las víctimas del cardenal Bernard Law y 62 clérigos más en Pensilvania se les indemnizó con 800 millones de dólares.

En México, si bien se han investigado en los últimos diez años, según informó la Conferencia del Episcopado Mexicano, en enero del 2020 en un promedio de 157 sacerdotes todavía está pendiente la reparación del daño a las víctimas. En el caso específico de Joaquín, quien sí entró en el paquete de las víctimas de Los Angeles y recibió su indemnización, sigue esperando en México que avance el proceso contra el arzobispo primado emérito, Norberto Rivera Carrera, por haber solapado a 15 sacerdotes pederastas. El cuestionado prelado se retiró de su cargo en 2017.

Pero volvamos con Joaquín Aguilar, cuya madre lavaba la ropa del sacerdote Nico mientras él se ganaba la confianza de toda la familia. Joaquín ha sido una de las víctimas que, con mucho valor, denunció al pederasta. Fue en 1994, siendo acolito en el templo de Guadalupe, en la Ciudad de México, cuando el "padre Nico" lo atacó sexualmente. Su madre reaccionó de inmediato. Su testimonio es horrorizante:

Más tardé en contarle a mi madre que llegar a la delegación de la Procuraduría General de Justicia y levantar denuncia contra Nicolás Aguilar. Recuerdo que el agente del Ministerio Público me preguntó: "¿Qué tanto te la metió?" Yo tenía 13 años.

Pese a las denuncias graves contra el desviado presbítero, éste fue enviado nuevamente a Puebla, donde estuvo en varias parroquias abusando de menores. Se encargaba de la preparación de los niños para que hicieran su primera comunión.

Se considera este caso, como "la vergüenza de Puebla", uno de los más importantes en materia de pederastia eclesiástica, no solo de México, sino del mundo, por la comprobación de hechos, el encubrimiento y el nivel de la gente implicada, desde que Rivera Carrera fuera obispo de Puebla.

Yo viví mucha persecución, ya que la comunidad católica que arropaba al clérigo prácticamente me linchó socialmente. Todos protegían al victimario y arremetían contra mí, diciendo que era un mentiroso que atentaba contra la Iglesia. Hubo gente que incluso fue a declarar en mi contra. Sufrí serias amenazas. Gente que quería quedar bien con la Iglesia como institución trataron de matarme, de matar a mi padre.

Fue tanta la presión que decidió trasladarse a Los Ángeles, California, donde vivió dos años, y se encontró con otras víctimas del mismo sacerdote. Allá denunció al arzobispo Rivera Carrera por encubrimiento. Si bien hubo denuncias en tiempo y forma contra Aguilar Rivera, y una orden de aprehensión, ésta nunca fue cumplimentada porque jamás encontraron al sacerdote. Todas las demás denuncias, incluyendo las de Estados Unidos, no avanzaron, a pesar de que llegó allá en calidad de prófugo, de perseguido por la ley.

Considera Joaquín que a Rivera Carrera nunca le dio pena decir que dizque ignoraba el asunto, pese a las evidencias, pese a los encuentros que tuvo con el cura pervertidor de menores. Lo mismo ocurrió en el caso Marcial Maciel:

Es un mito creer que se trataba de un homosexual, como tachan a todos los pederastas. El delito de la pederastia tiene que ver con poder, es más, muchos se asumen como heterosexuales. Nicolás abusó también de algunas niñas. Yo he observado que no tiene nada que ver con una preferencia sexual, es más, la mayoría niegan ser homosexuales.

Me costó mucho trabajo superarlo, sigo viviendo con ciertos traumas. Te voy a dar un ejemplo: yo tengo dos hijos, uno de ellos tiene diez años y el otro doce. Cuando salgo a la calle tengo la obsesión de no perderlos de vista, es un temor que persiste en mí. Dejarlos en la escuela me causa inquietud, esa es una de las consecuencias, el miedo que sembró en mí el abuso sexual.

En general todos los depredadores sexuales son muy carismáticos, son queridos por las comunidades. Ellos no se perciben como enfermos. Yo soy de los que no creen que esas personas están enfermas. Porque ellos piensan mucho sus estrategias antes de cometer sus actos ilícitos. Controlan sus acciones, y un enfermo no es capaz de eso. No dudo que haya enfermos, pero son contados con los dedos de la mano. Por acción u omisión ha habido mucha gente involucrada, gente poderosa.

Hay muy pocos sacerdotes en la cárcel, porque los padres de los menores prefieren no denunciar. Además, el delito prescribe en la mayoría de los estados mexicanos, salvo Oaxaca.

Hablar del número de delitos sexuales cometidos por sacerdotes se vuelve imposible. En el año 2104 se pidió al Vaticano, por parte de la Comisión de la ONU sobre los Derechos de los Niños, "retirar inmediatamente" a los sacerdotes o miembros de su Iglesia y entregarlos a las Fiscalías. Se habló de decenas de miles de casos, nadie ha dado un número preciso. Todos los números que se han dado son muy arriesgados.

Ese comité de la ONU lanzó un documento exigiendo a la Iglesia católica que diera explicaciones sobre los abusos sexuales que han provocado los sacerdotes. Dieron incluso un plazo de dos meses para que respondiera. Y aquí, con todo y pruebas presentadas y testimonios, se ha tardado mucho en reaccionar.

Joaquín conoció a su victimario cuando tenía 11 años, durante dos años lo estuvo cazando. Joaquín, ahora está trabajando con la misma Iglesia para la resolución de ciertos casos. Tiene ya varios años al frente de SNAP, creando protocolos, leyes y procedimientos que buscan proteger el entorno de los menores, crear políticas públicas contra el ASI y para la atención a las víctimas y, si lo deciden, acompañarlos a interponer denuncia.

El trabajo que se ha hecho, las denuncias a nivel nacional e internacional del cúmulo de abusos clericales ha bajado el nivel de impunidad, se está hablando más, aunque siguen pendientes muchos casos, y van saliendo muy poco a poco. Yo me he recuperado. Sigo creyendo que se debe denunciar. A mí me tocó lidiar contra viento y marea, y en este momento ya es otra la situación. Es más, si yo hubiera denunciado en este momento, otra cosa hubiera sido. Ya no es tan fácil que la libren los acusados.

Hay 18 representantes de la Red SNAP en la República Mexicana trabajando en apoyo de las víctimas. En mi caso, siempre supe que nunca iba a encontrar justicia. Hoy contamos con muchas leyes de protección a los menores, pero el problema sigue siendo la aplicación de las mismas. Para eso estamos trabajando.

La crisis que sufrió la Iglesia católica por tantos sacerdotes pederastas que se fueron descubriendo fue devastadora. En febrero de 2019, el Vaticano reunió a 190 altos prelados en un encuentro sobre la protección de los menores, en donde acordaron 21 puntos, algo sin precedente en la historia, que rompió con los protocolos que hasta entonces mantenía esa institución sobre el tema. Uno de esos postulados es que se debe informar de cada abuso a las autoridades civiles y eclesiásticas, cambiando totalmente la política de la omertá, del silencio y discreción. Otro de los compromisos para garantizar la seguridad de los niños es que ni un solo abuso sea encubierto, minimizado o sujeto a suspicacias. Además, según los acuerdos tomados, los candidatos al sacerdocio y la vida consagrada deberán someterse a una evaluación psicológica por parte de expertos calificados para prevenir así la entrada al clero de más pederastas. Tardaron siglos en reaccionar.

Pronto, los testimonios pasaron de cientos a miles, y el mundo se percató azorado que se trataba de algo parecido a un problema endémico de la Iglesia. No eran casos aislados, no era un fenómeno propio de un país, era una tendencia mundial que puso al descubierto uno de los peores depredadores sexuales, como el fundador de los Legionarios de Cristo y de Regum Christi, Marcial Maciel, uno de los casos más infames y perturbadores que victimizó a inocentes, además de cometer una extensa gama de crímenes y delitos.

Una prueba de que están acatando los nuevos lineamientos apareció en la prensa a principios de abril del 2022. La Arquidiócesis de Guadalajara envió un comunicado donde señala la disposición a colaborar con las autoridades para que se esclarezcan los hechos y se proceda de un modo justo. Se trataba de un caso, el padre Alejandro, de 40 años, imputado por delitos de abuso sexual agravado y corrupción de menores. Esto ocurrió en Ixtlahuacán de los Membrillos, un pueblo olvidado de los gobiernos y, por lo visto, del Cielo también.

Lo que la prensa ha podido publicar, y algunos obispos lo han confirmado, es que muchos sacerdotes pederastas están escondidos, son prófugos de la justicia.

El cardenal de Guadalajara, Robles Ortega, añadió aquel domingo después de la misa de las 12:00 del día que él siempre preside: "Ahora hay que extremar más las medidas, para evitar que alguien enfermo, con alguna práctica o tendencia ingrese al seminario, eso sí hay que hacerlo como se dijo en el Encuentro, con psicólogos, especialistas, para detectar a tiempo jóvenes que pudieran tener problemas en esa línea".

Beatriz Andrade Iturribarria, estudiosa del tema, nos dice:

> Había un patrón en todo esto: primero los cambiaban de parroquia, guardaban absoluto silencio, so pena de ser excomulgados. Si llevábamos más de mil 500 años en la historia de la Iglesia católica, donde se respetaba a los niños y se castigaba a los consagrados que habían violado a los niños, ¿por qué la Iglesia, que es la Santa Madre Iglesia, se convirtió en la devoradora y violadora de sus niños?

Existen alternativas, espacios, como "Huella Nueva", donde ofrecen un cauce de alivio y una oportunidad de hablar, que es una de las premisas de este grupo de autoayuda para aquellos que sufrieron un abuso en manos de sacerdotes. Hasta ahí fuimos y esto es parte de lo que escuchamos:

> Antes no podías hacer nada, tenías que guardar silencio, nos decían: "Cállate, no hables". Hoy la consigna es: habla, sánate,

busca ayuda. Hasta el Papa Francisco lo ha dicho y ha puesto a gente encargada para recibir todas esas denuncias. Al sacerdote que me violó lo cambiaron de templo. Yo, hasta hoy, no me había dado a la tarea de ver eso que viví. No quería recordar.

El que me agredió a mí y a todos mis hermanos... pues... ya falleció. Debí haber trabajado esto antes y evitar que lo siguiera haciendo. Pero, no fui valiente. Necesitaba crecer.

Cuando era una niña de siete años fui abusada por un sacerdote y también mis hermanos. Una de mis hermanas ha sufrido muchas crisis y vive en constante depresión, mi hermano es alcohólico. Todos mal a raíz de esa etapa de nuestra vida.

Iba a la doctrina y el padre me llamaba. Luego me llevaba al curato, donde me bajaba mis pantaletas. Para mí era muy traumático cuando veía que se arremangaba su sotana.

En mi casa había pobreza. Yo era una niña con muchas ganas de comer dulces, pan, me encantaban. Una de las maneras con las que me chantajeaba el sacerdote del templo cuando iba a la doctrina, asegurándose con ello de mi silencio, era que me daría muchas golosinas y panes, claro, si guardaba el secreto. Después venían amenazas de otro tipo, me decía: "Si hablas nadie te va a creer y yo puedo hacer daño a tu mamá y a tu papa". Eso...me aterraba.

Hay dos caminos, el positivo y el negativo. Para encontrar el positivo en medio del dolor, hay que acudir a la resiliencia. Porque en el lado negativo yo tenía la opción de convertirme en prostituta o drogadicta. En aquel tiempo yo, chiquita como estaba, me rebelé contra la Iglesia.

Imagínate que traes una piedra cargando, y te preguntas ¿cómo puedo quitarme esto? ¿Cómo me deshago de esto?

Puedes denunciar en la Arquidiócesis de México, hay una línea donde puedes hacerlo hoy: 5552083200 ext 1600.

Llamas y dices quiero hacer una denuncia, das el nombre del sacerdote y del templo donde se encuentra, para que se inicie la investigación. Ojalá se atrevan, porque hubo muchas que no nos atrevimos. Pero el simple hecho de hablarlo va sanando poco a poco.

El Cardenal Francisco Ortega nos dice:

La pederastia clerical es la que comete cualquier persona consagrada dentro de la Iglesia católica y que perpetra contra menores de edad. Esto incluye sacerdotes, religiosos, religiosas y personal seglar que trabaja dentro de la jerarquía católica.

Hoy los sacerdotes son advertidos de que en este tema hay tolerancia cero. Ahora nosotros estamos obligados a recibir la noticia y dar parte a las autoridades para que la familia o la víctima interpongan su denuncia y sepa que estamos dispuestos a cooperar.

Les prometieron el Cielo y los alejaron de la justicia. Su dolor, el llanto y la vergüenza fueron ignorados durante mucho tiempo. Pero estamos viviendo momentos paradigmáticos, en los que se abrió una bisagra donde aquellos que sufrieron abuso sexual de parte de algún miembro de la Iglesia Católica pueden recibir ayuda hasta económica. Va a ser necesario un mar de agua bendita para purificar tanto crimen cometido contra las infancias del mundo.

Una vida desquiciada

Vivió el rechazo desde su nacimiento. Sus padres la entregaron a una familia que también la rechazó. La cadena de abusos sexuales que sufrió desde los cinco a los 12 años en manos de sus primos fue terrible. Desató tantas cosas lamentables a lo largo de sus 40 años y más que hoy tiene.

Tres intentos de suicidio, una estadía en un centro carcelario de un pueblo en las laderas de los Andes por tráfico de drogas, y el duelo nunca superado de la muerte de su hija podría ser la suma de todo. Pudiéramos agregar otros detalles donde tampoco reluce la esperanza.

Sería la campeona de la depresión y el abandono. También es, sin temor a equivocarme, un manual andante de supervivencia. Igual, es una enciclopedia de sustancias y drogas que causan adicción. Las ha probado todas.

Nadie como ella para entrar y salir del infierno. Al desaparecer, había dejado una estela de comentarios hasta convertirla en casi una leyenda urbana. Hablaban de ella como "parte de una banda de narcotraficantes", o "está recluida en un centro psiquiátrico". Habladurías todas en el mismo tenor: la descalificación. Pocos le daban un ápice de confianza. Se había salido del huacal demasiado pronto. Y nadie pudo detenerla, guiar sus afiebrados pensamientos.

Desde pequeña, por su precocidad la consideraban una verdadera pesadilla. Nadie averiguó el motivo por el que ella era tan agresiva, tan rebelde, tan insurrecta. A los cinco años, la suspendieron en la escuela por haber liderado una banda de niñas para golpear a los compañeros varones. Nadie le preguntó en la escuela: "¿Qué te hicieron esos niños para que los golpearas?" Ningún maestro, cuidador, nadie. Solamente la reprendieron y en castigo fue suspendida durante una semana. Fue cuando se dio cuenta que a golpes podía vengarse de los malignos compañeros que la espiaban —igual que a otras niñas— en los baños de la escuela. Los mirones ya no volvieron a molestarlas.

Una escuela, por cierto, de las más reconocidas por su raigambre católica. En ese ambiente aprendió las primeras letras y el catecismo. Ni lo uno ni lo otro hicieron mella en su vida.

Ella decidió olvidar todo lo que sufrió esos primeros años.

Pese a que había estado en terapia psicológica desde los cinco años, cuando manifestaba mucho retraimiento, jamás mencionó al terapeuta lo que le hacían sus primos. Pero tampoco el inexperto psicólogo buscó posibles razones por las que aquella chiquilla parecía un ser condenado. Ella lo único que hizo es que cuando tenía doce años tomó por su mano la venganza. Un día que estaban listos para atacarla, uno de los primos recibió una pedrada en la cabeza, descalabrándolo. Santo remedio, la dejaron en paz. Cuando ella confesó a sus padres y a sus tíos por qué había golpeado a su primo, ninguno de esos adultos le creyeron.

Por eso se condenó a vivir sus propios dramas internos, sobreponiéndose, gritando aquí y allá, sin darse cuenta de que algo se había destrabado dentro de su ser. Algo que la mantenía angustiada, triste, a pesar de las cien y una muñecas que le rodeaban, de los juguetes más caros y más de moda. Nunca se entendió ella misma, ni nadie la entendió tampoco.

Victoria empezó a fumar marihuana a los catorce años. Estando "pacheca", quedó encinta. La cambiaron de escuela y ella siguió con lo que ya era un hábito. Conseguía entre los mismos compañeros la hierba. El padre de la bebé era un joven preparatoriano de 18 años. Victoria cursó hasta tercero de secundaria, nunca más volvió a estudiar.

Una compulsión interna la inclinaba día tras día, noche tras noche, a buscar el placer que le proporcionaba beber, drogarse. Salía de casa y se dirigía a esos lugares donde sabía que podía encontrar todo lo que necesitaba además de la droga, amigos y conocidos que estaban en la misma evasión, en la inconciencia, en el afán de olvidar. Pudo haber regresado a la escuela, obtener un título universitario, sentirse útil, enderezar sus días, en todos los sentidos, pero no lo hizo. No pudo. Victoria nos cuenta:

Cuando se tiene en la cabeza nada más el afán de olvidar, de divertirse, de vivir sin reglas, sin dioses que estorben tu conciencia, sin normas, es porque algo se me fue incubando, desde que empecé a ser abusada. La cuestión fue que me convertí en una viciosa de cuatro suelas.

Me faltó madre. No le podía decir nada a mi mamá, ni cuando me bajó la primera regla, a los ocho, nueve años, algo que se aceleró como víctima del abuso sexual, según me dijo un doctor años después. Ni esas cosas podía hablarlas con ella.

Cuando nació su hija todo quedó en familia. Si ya la tenían catalogada como una nulidad, con este evento la desterraron de sus círculos sociales, esos que tanto cuidaban, manteniendo una imagen de prosperidad, buenas costumbres y decencia.

De vivir en las mejores áreas de la ciudad, en una casa rodeada de jardines, acabó siendo una mujer marginal, sola, abandonada a su suerte.

Tenía 18 años. Fue entonces, que se enteraron en su casa, después de tres o cuatro años de consumir marihuana, que nunca había parado de hacerlo. Rápidamente la ingresaron en un Centro de Rehabilitación, lo cual a Victoria no le provocó ningún alivio, ningún cambio:

Cuando empecé a drogarme, se me desató una gran agresividad, si ya era un poco peleonera, me hice más todavía. No dormía, no comía, solamente quería estar inyectándome. Cuando se me terminaba, me echaba al piso desesperada, a buscar algún pedazo que se me hubiera caído. Era deprimente, patético. Penoso.

Aunque todos creyeron —una vez— que mi intención era suicidarme, lo que pretendía era sentir al máximo. Me ausenté por un largo rato, pero regresé a la vida. Te digo que tengo más vidas que un gato.

Hasta que mis padres vieron que era un caso perdido, decidieron enviarme a España. Todavía no cumplía veinte años, aunque ya había decidido unos dos meses antes dejar todo.

Había peleado con un novio que yo quise mucho… por una piedra de cocaína. La pudimos haber compartido, pero yo no quise. Cuando nos dimos cuenta de eso, hasta nos pusimos a llorar. Nos habíamos alejado de lo verdaderamente valioso, humano, por una porquería que además nos estaba haciendo daño. Prefería dejar al novio que a la piedra. Nunca había sentido tanto egoísmo, fue horrible. Entonces acepté irme a España.

Era una comunidad cristiana a la que llegan familias completas a quedarse. Yo convivía con tres compañeras de habitación. El primer paso fue en Málaga. Me recibió una chica que fue asignada para estar conmigo todo el tiempo. Y eso de convivir con mujeres fue algo que a lo que no estaba acostumbrada, no podía soportarlo. Era una animadversión contra las mujeres desde el tiempo de mis violaciones, porque yo me veía reflejada en ellas, que no podían defenderse, ni defenderme a mí, y buscaba amigos, hombres que me protegieran de otros hombres. Para un hombre, otro hombre. Eran mi escudo. Así que lo primero que tuve que superar fue mi aversión a mis congéneres.

Tuve síndrome de abstinencia. Renegaba mucho. A los dos meses de estar ahí, me empezaron a sangrar las encías. Después de comer me ponía muy ansiosa y pedía que me dejaran sola. Fue entonces cuando me obsesioné con las natillas españolas, los chocolates, comí demasiado, grandes cantidades. La pierna de jamón serrano me atraía mucho y cortaba un trozo tras otro, sin parar. Me echaba a la boca la crema chantilly como si fuera agua. Consumí mucho tocino. Siempre me quedaba con hambre por toda la agitación que traía dentro de mí. A mi llegada tenía un peso de 47 kilos; subí tanto de peso, que llegué a los 90 kilos. El proceso de desintoxicación implica eso, un tiempo para subir y bajar de peso. Nada de mi ropa me quedaba. Pero su sistema es bueno. Si de corazón te nace alejarte de las drogas, creo ese es el mejor sitio para conseguirlo. Sin agresiones físicas ni psicológicas, vas saliendo de tu problema.

Sentí una paz como nunca en mi vida. Mucha alegría. Hasta me veía en el espejo y veía en mis ojos mucha luz, como una estrella. Como cuando brilla mucho el sol y no te permite ver. Para mí ese fue mi despertar espiritual. Algo alucinante que no he vuelto a sentir desde entonces. Tal vez allá me sentía segura, fuerte.

En España me di cuenta que lo que arruinó mi vida fueron mis años de infancia, los abusos sexuales continuados en un ambiente donde reinaba la hipocresía, la doble moral, las desacertadas decisiones de una madre que no supo serlo, donde todo se cubría con lujos, compras y regaños hacia la que jamás se sintió una hija de familia.

Era tirar mierda y mierda. Victoria esto, Victoria, aquello, descalificándome siempre. Lo bueno es que nunca fueron a visitarme a España. Y eso me ayudó mucho.

España fue una de las etapas más felices que he tenido en mi vida. Al voltear la vista hacia esos años me doy cuenta que pocas veces sentí tanto gozo, del genuino.

Dejé las drogas, me bauticé. Y un día, sentí que debía volver, porque me esperaba mi hija, tal vez pude haberme quedado, ir y regresar con ella, como lo hacen ciertas familias. Hubiera sido muy buena decisión, pero no la tomé. ¡Es muy cierto! ¡Todo esto que he vivido, para llegar a… nada!

Victoria conoció a un hombre que ella fantasiosamente perfiló como el definitivo y se fue a vivir con él. Se sentía muy segura con él, aunque fuera muy alcohólico y violento. Como en ese tiempo Victoria no bebía ni consumía nada, creyó que era el momento de traer a su hija, de recuperarla, vivir con ella y cumplir con su papel de mamá. Esa pareja la llevó a vivir a una colonia marginada, pobre, muy por debajo del nivel de vida al que ella estaba acostumbrada. Pero Victoria se había decidido a sacar del vicio a su compañero: "Si yo pude, tú también puedes", le repetía. Alcohol y marihuana era lo que consumía a raudales el sujeto con el que quería sentirse apoyada. Nada más ajeno de la realidad. Pero ella confiaba en que su vida cambiaría y mejoraría en todos los sentidos. Quería ser buena mamá con Karen, menos infantil, porque se comportaba como si fuera otra niña. Se la llevaba a brincar charcos, hacía vagancias con ella. Lamentablemente, fue muy poco lo que pudo vivir con ella.

Cuando su pequeña tenía once años murió en un accidente. Ocurrió justo cuando Victoria ya se sentía limpia de drogas. Al tercer día que murió la niña, estaba tan abatida, que sólo pensó en volver a consumir piedra, era la única salida, pensó que le ayudaría a sostenerse en esa encrucijada donde la muerte de su hija la había puesto. Porque si bien le gustaba mucho la coca, sobre cualquier cosa, no la hacía gozar, pero si le aseguraba la evasión.

Fui una mala madre, una mierda, que no hice lo que tenía que hacer. Yo la abandoné. Y desde que murió anduve buscando una manera de aliviar mi espíritu, tratando de encontrar personas que me ayudaran a conectarme con ella. Así de desquiciada me sentía. Y es que mi cerebro se desconectó.

Regresé a casa de mi padre y me tragué todas las pastillas para dormir que encontré, a las que sumé todo lo que había en el botiquín, y luego me tragué la mezcla con alcohol, lo cual me causó muchos estragos en el estómago, me tuvieron que llevar al hospital de inmediato. Lejos había quedado el propósito de irme con mi hija.

Pero sí regresé a consumir más y más cocaína.

Le llevó muchos años, desprenderse de ese trauma de la muerte de su hija. No se resignaba. Dos años después del fallecimiento de Karen se embarazó de su segundo hijo. Mientras, ella seguía sumida en un profundo vacío. Tiempo después, la ilusión de apartar a su pareja del alcohol, de la marihuana, se fue desvaneciendo. Y abandonó al hombre que no dejaba de beber. El niño se quedó un tiempo con su padre:

Mi estado era prácticamente demencial. Uno de los mafiosos que me proporcionaba droga me empezó a invitar a los rondines de venta. Primero era su simple acompañante en las entregas que dejaba en las "tienditas" de barrio que venden al menudeo a drogadictos. Luego, viendo que era muy temeraria, me puse a observar cuando empaquetaban la droga, para que nadie robara ni un gramo de la mercancía. Con el tiempo yo misma me encargaba de entregar altas dosis de droga en una manguera de riego, por ejemplo. Entre risas y coqueteos, nadie sospechaba que yo traía polvo blanco. Y esa confianza que despertaba en los demás hizo que poco a poco me sintiera más segura y me atreviera a operaciones más arriesgadas.

Lo que me interesaba más era la facilidad con la que podía conseguir la cocaína, porque desde la primera vez que la probé quedé prendada de su sabor, me encantaba, me fascinaba, y me quitó el miedo ante cualquier cosa, por más peligrosa que fuera.

Mi jefe, en el modo de protegerme y dar consejos, era como mi padre. Aunque mi padre era un hombre muy pacífico, que una sola vez, en su desesperación ante mi obstinada forma de consumir y llevar una vida desordenada, me golpeó con una correa, gritándome: "Te quieres morir, órale, aquí, ahora mismo. Pero no me hagas esto, nunca sé si te está pasando algo, si estás viva, si estás sufriendo o qué". No se aguantó y se puso a llorar, diciéndome cuánto me quería, cuánto temía que me pasara algo. Igual que mi jefe, quien también me agarró de los hombros, gritándome con una pistola en la mano: "Si quieres morir aquí está la pistola, yo te disparo, pendeja, pero no me hagas esto".

Más que por ambición, el haberme metido en el negocio era una oportunidad de pasear, de conocer a otras personas, y además podía comprarles a mis dos hijos —porque luego tuve otro— lo que quisieran, y eso sí me animaba. Nunca ahorré dinero. Y lo poco que tenía, lo aplicaba en la manutención de mis hijos, que se quedaron con las abuelas, mi madre y la madre del chico con el que tuve al bebé. Pertenecí a un grupo de mujeres que trabajaban para un cártel de Sinaloa, era una de las que más viajaban, sobre todo a Colombia, donde recogía el polvo, luego a Holanda, donde dejaba el estupefaciente.

Me comía las pelotitas de 25 gramos cada una. Hasta 40 bolsas me tragaba. Cada pelotita se cubre con cinco capas del látex de condones. La primera vez me costó mucho trabajo y me irrité muchísimo la garganta. Poco a poco me enseñaron la manera de irlas acomodando en el cuerpo. Un ritual que debía seguir meticulosamente para que no me descubrieran.

Aprendí rápidamente que las pelotitas de látex se deben tragar con intervalos de media hora cada una. Me cubría la cabeza, me ponía guantes y usaba un tapabocas, porque se trata de evitar a toda costa el mínimo contacto con la droga, que fácilmente se adhiere al cuerpo y el olor se impregna fácilmente, el cual es detectado por los perros adiestrados para ello. Me sujetaba y cubría el pelo

Llevaba dos años viajando a Colombia, a Holanda, a Estados Unidos, donde iba y me traía en el vientre muy buena cantidad de cocaína. Era una "mula" como les llaman en el argot del narcotráfico, "una mula", "un correo humano".

Cargaba un kilo en cada viaje. Eran pelotitas hechas con cinco condones anudados, conteniendo 25 gramos de cocaína líquida cada una. Fueron muchos viajes. Nunca tuve miedo. La única vez que me descubrieron, ni siquiera iba de "mula", sino como supervisora de la operación, porque yo ya tenía otro nivel en el grupo. No cargaría nada, o sea, el riesgo sería mucho menor. Mi novio de hacía cuatro meses me acompañó, había estado en la cárcel dos años antes por el delito de tráfico. Pero no se atrevió a tragarse las bolitas de droga y yo me sentí responsable. Había que llevarlas a México, a como diera lugar. Y, por si fuera poco, esa vez me cambiaron la ruta.

Me daban cinco mil dólares por cada operación, más dinero para viáticos que me permitían comer en buenos restaurantes y quedarme en hoteles de cinco estrellas, más un extra para que me comprara ropa y algunos regalos para mis hijos. Aprovechaba muy bien para conocer la ciudad y reunirme con mis amigos que conocía del aeropuerto, tanto de inmigración como de aduanas. Me preguntaban a qué me dedicaba y muy desenfadada y sin apuro les respondía que era masajista. Y se los demostraba, además. Porque ese oficio sí lo conocía muy bien. Masajes terapéuticos, estaba muy entrenada en eso.

Me jugaba la vida en cada viaje. Las últimas dos veces antes de caer, llevé mi propio pasaporte. Pero, insisto, este último viaje no me latía nadita. Llegamos a Quito. Atravesamos el puente internacional de Rumichaca, sobre el río Carchi, para llegar a Ipiales, luego a Bogotá, en Colombia, donde nos quedamos una semana. Recogimos la mercancía, esa que, dizque, comería mi pareja. Y luego regresamos a Tulcán en Ecuador, donde pernoctamos una semana más, antes de volver a México con la droga.

El que apenas conocía y se decía mi novio me traicionó. Nos estaba brincando. Estaba "chapulineando". Fue cuando el jefe de Colombia me dijo: "Vete tú y él que se quede un poco más aquí". Pero él se negó, diciendo: "Llegamos juntos, debemos regresar, juntos". Aparte le recordé que había que llevarse el kilo, pero, irresponsablemente, no quiso, no pudo, se acobardó, qué sé yo. Me fui echando bolsita por bolsita, sin esperar a que se acomodaran en mis intestinos, como debe ser.

Fueron detenidos y llevados al centro hospitalario para las revisiones de rutina como sospechosos de transportar tóxicos. La policía antinarcóticos se abocó al hombre, no a ella, porque creyeron que el indicado era él. Al no encontrarle nada, los soltaron, dejándolos seguir su camino. Era su primer viaje vía Ecuador y la cosa fue distinta, eran cápsulas con cocaína pura, fácilmente detectadas en una placa. Y eso ella lo sabía, incluso el riesgo era mayor.

A los pocos minutos, rumbo al aeropuerto de Quito, los detuvieron nuevamente. A los de narcóticos les habían dado la orden en forma más precisa. Era ella la que cargaba la droga, no él. Victoria continuó con su historia:

Lo había presentido. Estaba demasiado nerviosa, por eso quería posponer el regreso. "Pero hoy no, no me quiero ir", le dije al novio. Pero él no cedió.

Ya en manos de las autoridades, con la certeza de que yo era la que estaba contrabandeando el estupefaciente, me ofrecieron papaya para que arrojara el resto de la droga, pero no sirvió de nada, las cápsulas seguían en mi cuerpo. Empecé a mostrar signos de debilidad. Tuvieron que intervenirme de inmediato. La operación fue delicada, me abrieron el vientre y extrajeron la cocaína.

Sin rubor Victoria se levanta la blusa y aparece una tremenda sutura vertical, hundida en el estómago, como de veinte centímetros de largo.

Por primera vez en su vida se sintió indefensa, terriblemente sola. Pensó rápidamente en las consecuencias de sus actos, con una extraña sensación de abandono. Tan lejos de su patria, tan cerca de ese infierno que jamás creyó conocer. Ahí sí el futuro, como una masa informe, se agolpó en su cabeza. Ya no estaba su padre (había muerto) para que la rescatara una vez más, como siempre lo había hecho. Vinieron a la memoria las imágenes de sus pequeños hijos. Lo que siguió fue una angustiante recuperación física luego de la cirugía, algo que no le importaba demasiado, era su conciencia hasta entonces dormida la que empezaba a pelotearla día y noche.

El novio desleal fue puesto en libertad gracias a que Victoria, durante el juicio, lo liberó de cualquier cargo. Los policías creían que ese individuo la estaba obligando a "cargarse", "es demasiado corriente y tú te ves fina", le decían. Ella jamás volvió a verlo.

Cuando fue sujeta a proceso por tráfico de drogas, lo único que la mantenía sumida en la angustia era que su hijo más pequeño se había quedado en la casa del infame novio y eso la preocupaba mucho. Victoria pidió a su madre que fuera a recoger al niño, y desde entonces ha convivido poco con su hijo. Ahí fue perdiendo a ese niño.

El proceso contra ella y la sentencia que le otorgaron fue realmente benigna. Victoria casi puede asegurar que los poderosos capos que la reclutaron en México, o los de Colombia, la apoyaron.

Nunca quiso averiguar nada al respecto. No quería saber nada, ni volver a tener contacto con nadie de su red.

Ella se mantuvo en la cárcel, durante uno de los dos períodos de Rafael Correa como presidente de Ecuador. Incluso afirma Victoria que lo conoció cuando aquel visitó el hospital en el que se encontraba:

Gracias a él no me dieron tantos años de reclusión, ya que durante su tiempo cambió la tabla de castigos por posesión, que era de siete a diez años de prisión por 500 gramos de droga. Penas muy desproporcionadas. Hubo una campaña donde participaron mujeres detenidas por tráfico de drogas, quienes enviaron una carta al Congreso donde hacían notar que a las únicas que detenían por narcotráfico era a las chavitas de quince a veinte años, que eran las "mulas" y nunca a los verdaderos narcotraficantes, que, por mar, tierra o aire, transportan toneladas de estupefacientes, manteniéndose en libertad y gozando de la vida.

Estuve en la cárcel de Tulcán, en el extremo norte de la región interandina de Ecuador, donde la temperatura promedio anual es de 9 grados centígrados. Nunca había sentido tanto frío. Casi me congelaba. Se ven las montañas nevadas de los Andes y aparte llueve todo el día.

Permanecí diez meses encerrada. No tengo malos recuerdos de aquellos días lejos de mi país, de mis hijos, de mis hermanos, de mi madre. Me trataron como reina. Aunque no viviera precisamente en un palacio.

Si bien es muy duro estar ahí sola en la cárcel, sin que nadie te vaya a visitar, mirando de reojo a los hijos de otras compañeras a las que abrazan, mientras que a mí me abandonaron todos.

Mi familia nunca me ha perdonado mis errores, me tratan como si fuera una patibularia.

Victoria terminó su condena compartiendo el encierro con otras siete reclusas, en una celda diminuta donde algunas tenían que dormir en el suelo. Un centro de mediana peligrosidad, aun cuando había mujeres cuyos delitos eran indescriptibles por la crueldad con la que los cometieron. El caso de Victoria fue registrado en los medios de comunicación debido a que no solamente intervinieron los grupos antinarcóticos de Colombia y Ecuador, sumándose México, sino también IN-TERPOL, que realizó una investigación tal que a los delitos cometidos en América Latina le sumaron los viajes que realizó a Holanda y a Estados Unidos, llevando o trayendo droga, siempre en… la panza.

Al regresar de su reclusión, la buscaron los compañeros de la red. Querían que volviera a trabajar con ellos. No volvió a hacerlo. Había tenido a su cargo hasta ciento cincuenta hombres, vigilándoles las entregas, el peso, el dinero del tráfico de estupefacientes. Sabía mantener el orden y se cuadraban ante ella. Y no precisamente porque impusiera con una temible figura, no, ya que es más bien, como decimos en México, "chaparrita", con un rostro de piel blanca y mirada dulce.

Victoria vivió un año con un agente de la DEA hasta que éste la abandonó por otra, a lo que le siguió una fuerte depresión. En ese momento, uno de sus hijos estaba visitándola. El chico se asustó tanto al ver cómo su madre se había herido en el cuerpo con un cuchillo que llamó a su padre y éste llegó en una ambulancia que la condujo al hospital para enfermos mentales. Después de pasar un mes recluida en el psiquiátrico, salió. Un mes completo engulló los psicotrópicos que le recetaron, entre ellos el clonazepam. Victoria nos cuenta que esto la afianzó aún más a sus adicciones:

Me llevaron a un manicomio por depresión, no a causa de las drogas. Me temblaba desde la punta del dedo gordo del pie hasta la punta del cabello, y no estaba consumiendo alguna substancia. Fue cuando empecé a creer en esa anaconda que da vueltas en mi estómago y que no he podido hasta hoy desprenderme.

Justamente por eso, me deprimí más. Con la pretensión de calmar la intensa ansiedad en la que me encontraba, me recetaron ese fármaco que te mitiga pérdidas cuando sientes que te arrancan el alma. Eso sí que anestesia tu dolor, te evades, no sientes nada. Pero a veces crea una dependencia horrible.

Al salir estaba tan debilitada y abrumada, que no me quedó más remedio que ir a vivir a casa de mi madre. Y la famosa pastillita fue peor que el cristal, peor que la cocaína más pura, y los efectos igual de perniciosos. Se me exacerbaba el carácter, pero no podía dejarla. Estuve consumiéndola cuatro largos años.

Me deschavetaba completamente. Me ponía a llorar, dejaba de comer, de dormir. Hasta que una amiga, al ver mi estado tan lamentable, me recomendó fumar marihuana. Yo no quería fumar y engancharme como con las pastillas. Pero mi amiga insistió, "la mota no te causará ninguna adicción".

No abandoné la famosa pastilla por valentía, más bien al no contar con el dinero para comprarla. Un día, en plena convivencia con mis hermanas, con las que peleaba continuamente, dada la animadversión que sentía por ellas, me lié a golpes con una y le lancé todos los golpes e improperios que pude, tantos, que mi madre intervino y me corrió de su casa: "Vete de aquí, vas a acabar matando a tu hermana".

Ha pasado el tiempo, y yo no he vuelto a ver a esas mujeres. Ningunos intereses despiertan en mí. No tenemos nada amable que decirnos.

Con la calma que la acompaña a ratos, después de haber pasado tantas cosas, de las que dice no le alcanzará la vida para reparar los errores, Victoria dice convencida:

Si bien tengo un lugar donde vivir, puedo pagar mis comidas, la del perro, todo, ya no quiero volver a eso. Aunque no pueda ya darme ciertos lujos como antes, una buena comilona, un buen bife, una exquisita lasaña, una copa de vino Pinot Noir, porque no me alcanza para tanto. Definitivamente, yo no regreso a las drogas. Pude dejar la cocaína, alejarme del clonazepam, como una verdadera tortura. Las cosas se me olvidaban, los dedos se me enchuecaron.

Aunque siempre necesitaba un estimulante. Empecé a fumar día y noche. Estaba muy atontada, hasta que también abandoné la marihuana y empecé con gotitas de CBD. Con esto dejé por completo todo lo demás. Me quitó también el dolor de las articulaciones. Me tranquiliza mucho.

Sin recato, sin pena, sigue el dictado de su memoria, esa que a ratos le falla. Detalladamente, su narrativa poblada de momentos ruinosos, en paisajes distintos, en tiempos lejanos y cercanos, no parece ser una carga en su conciencia. Pareciera que al vaciar sus recuerdos estuviera exorcizando sus propios demonios, sus fantasmas, las sombras que la han acompañado desde que se acuerda.

Tiene hondas heridas en ese corazón más alborotado por la desgracia que por la dicha. Hoy no puede borrarlos, nada remedia eso que se describe como dolor y que tiene mil caras. Dice que en una sesión terapéutica que recibió en el psiquiátrico, revivió la violación a la que fue sometida por varios años:

> Para mí fue como un tsunami, se vino de un hilo todo lo que yo había pasado, la perversión de mis primos. Me quedé paralizada, tiesa. Se me agolpó la impotencia, la rabia, el odio, el miedo. No pude, de repente, levantarme de la silla. Fue terrible.

Pero ella decidió o, más bien, trató de resolver sus traumas sexuales, provocados por los familiares, sola. Ya no quiso volver al terapeuta que le ofreció ayuda. Ella prefiere atacar sus fantasmas, malos recuerdos, con el CBD.

Lo brutal de su historial de abusos es que sucedieron dentro de una familia que se considera muy apegada a la moral y las buenas costumbres. Amiga de obispos y sacerdotes, cumplidoras de los ritos religiosos, donde los hijos y las hijas han asistido a colegios que aparte de una educación académica aseguran un lugar en el cielo. Y para Victoria, ese tiempo con esa gente que no lleva su sangre la condujo a un mundo lejano al glamur, los viajes al extranjero, las joyas y la riqueza. Simplemente nunca le creyeron lo que decía, menos que los guapos muchachitos fueran capaces de hacer daño a una mujercita, aunque fuera "loca y pervertida", jamás. Vive alejada de todos los que llevan su apellido, pero está enterada de lo que ha ocurrido con otras mujercitas de su extendida familia. Tanto, que empieza a citar una a una, como un rosario de misterios dolorosos, sus historias de abusos sexuales:

> Fueron siete años. Cuando cumplí doce años me armé de valor y les dije: "Mi papá ya sabe de esto", para asustarlos. A eso se

debe que mi proceso hormonal se acelerara, empecé a ovular a los ocho años. Y es que casi todos los días abusaban de mí, amenazándome: "Si dices algo, esto es tan malo que a la que van a culpar es a ti". Cuando me animé y le pegué con una piedra en la cabeza a uno de ellos fue porque iba a atacar a una prima y le dije, ni a mí, ni a mis primas nos vuelves a tocar.

Efectivamente, me empezaron a tachar en el círculo familiar de "provocadora", de "pequeña perversa", alejando a sus hijos de mí. Nunca dije nada, todo se supo hasta años después, pero tampoco a nadie se le ocurrió hacer nada. Además, se trataba de que eso nunca saliera de la familia.

Me acuerdo que me petrificaba cada vez que se me acercaban. Imposible moverme, correr, nada. Me hicieron que callara, porque de otra manera me verían como "una fruta podrida", "nadie te va a querer", "mejor cállate". Me maltrataban psicológicamente con sus amenazas, sus ofensas. Por eso me acuerdo muy poco de cuando era niña, la verdad. Fue algo muy fuerte, no sabía defenderme. Hasta que crecí un poco.

Antes me retorcía de la impotencia. Hoy se me ha endurecido tanto mi corazón, que ya no siento nada. Cuando recapitulo esos años, me doy cuenta que crecimos como pudimos, sin reglas, sin Dios, donde los mayores siempre estaban ausentes. Hoy puedo defenderme, hasta físicamente, si alguien me quiere atacar, sé, como buena masajista, cuáles son los puntos que debo tocar para doblar a la gente, a cualquier baboso que se quiera pasar de la raya. Ya no me da miedo.

El único miedo que yo tengo es al dolor de adentro, del alma. Ése es el que me asusta que alguien me vuelva a lastimar. Al dolor que se siente cuando pierdes un hijo, alguien muy querido, ese es el miedo que me asfixia, que me mata. Porque ese dolor no lo cura nada. Si bien mis hijos prefieren no estar cerca de mí, no voy a vivir llorando por eso. No quiero martirizar más mi vida, lo acepto como un hecho más, sin dramas.

A veces siente un profundo vacío, ella lo adjudica a la ausencia de su verdadera madre, que tal vez por necesidad, por dinero, por vergüenza, la entregó a esa pareja que no pudo ni defenderla ni protegerla.

Victoria vive en un cuarto destartalado y deprimente de una vieja casona casi derruida donde otros jóvenes comparten la cocina y el baño. Ella está en la azotea, ya que siempre busca estar lo más alejada posible de los demás. Ahí se encierra largas horas, porque no quiere que nadie la considere como una víctima, como una perdedora.

Las cicatrices que han ido lastimando su alma son difíciles de cerrar. Tiene planes, pero los está posponiendo hasta que se destierren esos episodios, hasta que destruya la anaconda que la sume en el colapso: "Siento que todavía debo estar aquí, por cuánto tiempo, no sé. Pero creo que no será mucho. Ya me siento tranquila. Ya hice lo que tenía que hacer, hasta pedirle perdón a la madre que me crío. Aunque debió ser al revés".

Casi... el paraíso

Puerto Vallarta y Bahía de Banderas es la primera zona metropolitana turística de México. Un trabajo coordinado entre los dos municipios, uno de Jalisco, el otro de Nayarit, sumando esfuerzos para su acoplamiento y desarrollo. Hay 22 zonas metropolitanas en el país, pero ninguna como la que conforman dichos destinos que comparten una extraordinaria costa, lujosos hoteles, una copiosa vegetación, un dadivoso sol que va descubriendo un soberbio paraíso. Tiene todo bajo su cielo: mar, montañas y un clima siempre cálido.

La vocación de esa zona del Pacifico se mueve gracias a las olas de turistas que detonan la economía. Y no dejan de llegar. Muchos de ellos con gran poder adquisitivo que pueden pagar lo que deseen.

Alfredo Dachary es presidente del Observatorio Integral Turístico de Puerto Vallarta y Bahía de Banderas (OIT), integrado por hoteleros, empresarios, universidades y organizaciones civiles impulsando acciones en contra del Abuso Sexual de

NNA y la Explotación Sexual Comercial de NNA en los viajes y turismo, en Puerto Vallarta y Bahia de Banderas. Dachary, que es doctor en ciencias, nos explica la complicada situación del turismo en la zona:

La actividad turística está íntimamente ligada al hedonismo, al sexo, a soltar cualquiera amarre, a la cuestión sexual, porque es tiempo de ocio, hay mayor libertad.

Los países fueron descubriendo que el atraer viajeros se convertía en un redituable negocio y empezaron a abrir sus fronteras. Detalles como España, que al abrir sus puertas a los turistas, hasta los obispos respingaron: "Ha llegado el demonio, la degradación moral a España", porque sus playas se convirtieron en un imán para los extranjeros, mujeres alemanas y escandinavas llegaban y casi desnudas se tiraban al sol, y eso escandalizaba en aquellos tiempos a los recatados españoles. Pero fue el mismo Franco, ante un país devastado por la Guerra Civil, que decidió que era lo mejor para resarcir la economía.

Cierto: que el sexo está asociado al turismo es real, y todo se debe a que en las ciudades turísticas la sociedad es más flexible, porque no están consolidadas, mucha gente va y viene, se conocen menos, y eso permite actuar y vivir a su aire.

El turismo es una realidad transformada porque viene a reemplazar en el sujeto la necesidad de algo diferente a la cotidianeidad. La gente tiene más libertad, puede andar descalza, en traje de baño, come a la hora que quiere, hace lo que quiere. Y la película *La noche de la iguana* fue el detonante para Puerto Vallarta, su despegue internacional, cuando Liz Taylor visitó a Richard Burton, protagonista de la cinta dirigida por Houston. Y aunque suene simple, la gente descubrió que los "gringos" llegaban y hacían lo que se les antojara. Empezó también la folklorización, los locales empezaron a ser atractivos para las viajeras, los lancheros, sobre todo.

El extranjero, el gringo en particular, genera un gran atractivo más allá de los dólares que deja. Hasta el viejo Vallarta se convirtió en un barrio de estadounidenses, justamente ahí está la casa Kimberly, hoy hotel, donde pernoctaba la pareja de la película *Cleopatra*.

Ha habido mucha tolerancia y se han dejado pasar por alto muchas cosas, por eso llegamos a Thomas White, un notorio pederasta. No fue casual. Era considerado un dios, porque ayudaba a los niños pobres, aunque violaba a todos. Pero eso no importaba. No querían pelearse con él. La gente local creía que hablar de White afectaría la imagen de Vallarta. Fue una extraña relación de amor y odio entre ese norteamericano y los vallartenses. Lo que yo creo es que White es sólo una referencia, un punto, no hay más información de otros. Mientras para el millonario todo era devoción y simpatía, a los chicos que abusó los tacharon de mentirosos que sólo querían sacarle plata. La gente no quiso ver su lado tenebroso. Trataban de que White no se fuera, era imprescindible. Porque justamente gente como él dio vida al destino, eso jugó mucho a su favor para dejarlo hacer lo que quisiera. Y lo hizo. La corrupción hizo también su parte, porque la sociedad vallartense, en cierta medida, lo protegía, y para los jueces era más fácil decidir.

Puerto Vallarta, como todos los destinos turísticos, tiene su zona roja. No es novedoso, lo mismo sucede en Cancún, donde la fiesta, la droga y la prostitución forman parte del paquete. Todo circula fácilmente. Pero la gente tenía miedo de reconocer lo que estaba pasando, por temor a que los turistas huyeran. Eso está en el imaginario, yo no creo que afecte al destino.

Recuerdo los titulares de ciertos medios amarillistas a la llegada del primer crucero gay al puerto: "Se pudrió la ciudad", "llegan los maricones", una sarta de tonterías como esas, que ahora nos hacen reír. Hoy, los gays se han adueñado de la llamada zona romántica, en el viejo Vallarta, atravesada por el Río Cuale, y se considera el barrio gay más grande de México.

Pero lo más hilarante, según me contó un amigo, porque yo aún no vivía aquí, fue que ese día acudió al muelle, por curiosidad, y se asombró al ver aquello lleno de autos de gente conocida, esperando a ver qué levantaba. O sea, la doble cara, la doble moral en su máxima expresión.

De acuerdo con la Fiscalía estatal, durante el período 2020-21 la incidencia de víctimas de delitos sexuales en Puerto Vallarta se incrementó 29.5%, con 178 casos de ASI y 10 por corrupción de menores, muy superior al incremento estatal, que es de 10.2%. Y ante ello leemos en la prensa el 6 de abril del 2022 el optimista mensaje del gobernador de Jalisco, Enrique Alfaro Ramírez, acotando que de marzo del 2018 a marzo del 2022 ha habido una baja del 52.2% en las denuncias, que fueron de 17 mil 70 a 7 mil 641, según datos que compila el Gobierno Federal de las Fiscalías. Tal vez tenga razón, la gente prefiere no denunciar. Dachary continúa:

> La mayoría de los menores violentados sexualmente, provienen de familias pobres, y éstas se aterrorizan, sin denunciar. Ahí tenemos un grave problema. Un estudio serio correspondería al sistema DIF, que es como el confesionario, la gente va y cuenta todo. Gran parte es lo que se ha publicado, pero hay mucho que no sale a la luz. No se ve claramente la incidencia en el número de denuncias ante la Fiscalía, son números

pequeños. Hay un problema serio, porque muchas mujeres saben que acudir a interponer una denuncia es arriesgarte a muchas cosas más. Pueden ser revictimizadas. No se han adecuado los instrumentos legales para saber claramente cuál es la magnitud del problema, pero de que existe, existe. Es atroz, aunque no tenemos información. Tampoco se sabe lo que sucede en las escuelas, religiosas y no.

Hoy se están haciendo alianzas con el sector hotelero para sensibilizar sobre el problema, impartiendo talleres y cursos de capacitación. Les pedimos que ante cualquier actitud sospechosa sigan un protocolo, es algo que les resulta complicado. Un niño de la mano de un extranjero entrando a una habitación debe tomarse con precaución. Podría ser su hijo o su nieto, y el hotel no puede arriesgarse a una demanda. Concientizar sobre ciertos detalles que pueden indicar un abuso, como una sábana con sangre en una habitación donde se hospeda un menor y un adulto. Ahí los hoteleros deben dar aviso para que se investigue. Chicos llorando, golpeados, son indicadores de algo más.

Los hoteles parecen estar dispuestos a colaborar. Esperamos resultados. Primero les hablamos del problema, que ellos saben que existe. Incluso muchas trabajadoras de los hoteles han sufrido manoseos y ganan dinero extra si están de acuerdo. Todos los hoteles tienen su "book", en el cual ofrecen sus amenidades. Los jefes de piso tienen su propio "book", con chicas que son "ofertadas", un problema fuerte, porque está apalancado por policías y por ciertos grupos. Y no pasa nada. Son servicios caros. Lo anterior fue motivo de una tesis que nunca fue publicada, por cierto. La cuestionaron mucho y se quedó archivada. Las razones podemos imaginarlas.

Estamos capacitando a los hoteleros y esperamos que apliquen las reglas. No es fácil. No es que el Estado lo esté permitiendo, pero tampoco lo está frenando. Es un tema delicado, porque es enfrentarse con los inversionistas, y nadie quiere eso.

El presidente de Asociación de Empresarios de Puerto Vallarta y Bahía de Banderas y AEBBA, A.C., Jorge Villanueva Hernández, declaró a principios de abril: "Ya no es posible seguir ignorando la realidad de que la violencia sexual infantil existe en nuestra sociedad y que los mecanismos vigentes para enfrentar este grave problema no están funcionando".

Platicamos sobre el tema con la representante del Colectivo Mujeres Puerto Vallarta y el Comité de América Latina y el Caribe para la Defensa de los Derechos de las Mujeres (CLADEM), Sandra Quiñones, quien dice recibir un promedio de 5 a 7 llamadas a la semana de víctimas de ASI:

Cuando doy seguimiento a esos casos, veo que sólo una a la semana suele presentar denuncia. La cifra negra es muy alta, porque los menores no suelen reconocer que se trata de un abuso. En su pensamiento no conoce los alcances de lo que significa y no habla del tema. Y luego viene el que los padres no les creen. Y cuando las madres sí lo hacen, éstas se paralizan ante el abusador, sobre todo si de él depende la supervivencia de la familia. Súmales la culpa y la vergüenza. Factores que influyen en la baja incidencia en las denuncias.

Sandra Quiñones, es una mujer valiente que se ha enfrentado a las autoridades y a los empresarios, instándolos a que se dé una atención integral a los menores a la brevedad, con gente especializada para paliar los daños. Ha pugnado para que haya un recurso considerable para ayudar a las familias. Nos da su perspectiva sobre el problema:

Así como los hijos de víctimas de feminicidio reciben un apoyo económico, las de ASI deben también recibirlo para resarcir los daños y poderse alejar del agresor, padre o padrastro.

Puerto Vallarta es internacionalmente reconocido como un destino de turismo sexual, amén de las características que ofrece como paraíso. Además, se han tejido y creado condiciones para el turismo sexual. Las redes de prostitución y de pornografía saben que Vallarta es un destino de lujo para estas actividades. La prostitución infantil y el ASI no son un tema de pobreza.

En la red profunda hay una página con fotografías de alumnos de las escuelas secundarias de Puerto Vallarta, las he detectado. De ahí se desprende el fenómeno de desaparición o no localización de jovencitas entre 11 y 15 años, que igual son de un nivel económico alto. El nivel de pobreza en estos delitos no tiene nada que ver. Una niña de 10 años ¿va a buscar dónde prostituirse? No. Los pederastas piden una niña con ciertas características y la red la busca. Los veranos traen una oleada de jovencitas que desaparecen tres o cuatro días y que luego encuentran en la calle.

A esas chicas las desaparecen con fines sexuales, pero no quieren hablar. Están amenazadas. Y no hay manera de cuantificar el número, porque no denuncian. Cada grupo de defensores de niños en México tiene sus propias cifras, pero no hay manera de cruzar los números y lo único son las pocas denuncias que llegan a las Fiscalías. Ni el DIF ni la Secretaría de Salud reportan a las niñas que resultan embarazadas y que fueron víctimas de ASI. Porque una niña que resulta embarazada es resultado de un abuso.

Un punto importante para saber de la magnitud del ASI, es que no hay coordinación interinstitucional. Por eso estamos insistiendo para que exista una coordinación en la transversalización del ASI en todas las instancias oficiales, y compartan la información, para tener al menos un indicador confiable de la problemática que existe. En las redes, el empresariado está metido en ese negocio que genera violencia sexual en Puerto Vallarta.

Los hoteles, los Oxxos, los restauranteros, los spas, los taxistas, están implicados. Muchos de ellos desde la gerencia: no es el bell boy, el concierge, no. Después de todo lo que ha pasado en Vallarta, ciertos empresarios quieren quitar la lámpara en la responsabilidad que tienen. Y por ello criminalizan la pobreza de las familias. La dinámica es distinta, no como en los estados del sur de México. Aquí hay dos redes de pederastas, la local y la internacional. Por todos lados aparecen, esos que mandan el "producto", aunque se oiga muy feo, a los tratantes. Y se mueve mucho dinero por los temas de trata, prostitución y material de abuso sexual infantil (MASI). He conocido muchos casos de violaciones dentro de los hoteles, donde presionan a la víctima para que no denuncie y a los violadores los mueven a otros hoteles. Camaristas me han comentado que si se dan cuenta que están violando niñas, se tienen que quedar callados. Porque hay visitantes concurrentes que dejan hasta 10 mil dólares por vez, ¿tú crees que les van a decir algo? Entre el interés por el turista o por los niños, la respuesta es clara.

Lo peor es que he ido a los colegios y escuelas a hablar de estos temas y es sorprendente que ningún padre conoce los síntomas o comportamientos de niños abusados, tampoco cómo operan los riesgos. No conocen absolutamente nada.

Las redes están metidas hasta en nuestras casas. Enganchan a las niñas hasta en las fiestas infantiles, amenazándolas. Los papás que desconocen que esos cambios en sus menores hijos, que se vuelven agresivos o depresivos, no son porque están creciendo, no. Es una chica que está siendo abusada y tiene miedo.

Como si estuvieran escuchando a Sandra, aparece en los medios de comunicación el doctor Villanueva de AEBB diciendo: "La Asociación de Empresarios va a contratar abogados para que personalmente atiendan y defiendan los casos de NNA que han sido violentados. Debemos revivir el Consejo Ciudadano. No podemos seguir escuchando las atrocidades que se cometen con nuestros niños". Admite que las Fiscalías han sido indiferentes a estos delitos. Por eso es… casi el paraíso.

El gringo Tom

Cierto, la vergonzosa combinación de impunidad y corrupción ha moldeado la realidad oculta de Puerto Vallarta para ofrecerla como refugio de pederastas. Hoy, los antecedentes se conocen públicamente. Ahí llegó el fundador de NXIVM, Keith Rainieri, que fue detenido en marzo del 2018 y extraditado a Estados Unidos, donde purga una pena de 120 años de prisión con cargos como tráfico sexual y posesión de pornografía infantil. Lo consideraban "líder espiritual" de una comunidad que convertía a las mujeres en esclavas sexuales. "Empoderar a las personas y mejorar el mundo" era su misión y la de sus seguidores, entre ellos los hijos de ricos y poderosos de México. También fue refugio de Andrew Lester, heredero de quien fundara la industria de belleza Max Factor. Y uno de los casos más relevantes es el multimillonario Thomas White, acusado de abusar sexualmente de al menos 150 menores de edad, cuyos métodos para atraerlos fueron el hambre, la adicción a las drogas y el dinero.

La primera vez que White llegó al aeropuerto internacional de Puerto Vallarta fue en el año 1997. El diez de febrero de 1998 se le otorgó la visa como no inmigrante, sino visitante rentista, refrendándola cada año hasta el 9 de febrero del 2002, fecha en que venció.

Eric Saracho, periodista, fue el primero que grabó en video los testimonios de las víctimas de Thomas White, gracias a una trabajadora social del DIF municipal que se acercó a él pidiendo ayuda e informándole que los niños en situación de calle que vagaban en los alrededores del hotel Rosita (uno de los más antiguos y tradicionales) mostraban un comportamiento extraño. Ella había estado trabajando en la rehabilitación de los menores por su adicción a las drogas. El trabajo estaba avanzando, los menores iban bien, pero de repente se salieron de control. Los niños traían mucho dinero y droga, y no hacían caso a las dinámicas de grupo. A través de las pláticas con ellos, se había enterado que era un gringo quien los prostituía y recompensaba con drogas y dinero. Estos hechos ocurrieron en 1999.

La trabajadora social le contó a Saracho con temeridad, porque no podía hablar del tema, en el DIF le tenían prohibido. Podrían correrla. Lo que sucedía es que el presidente municipal David Cuevas no supo qué hacer, ya que se trataba de un multimillonario que invertía en Vallarta y de unos niños de la calle, "drogadictos, mentirosos patológicos y amorales".

La grabación que hizo Saracho tuvo el propósito de llevar a las autoridades la voz de los niños, de enterarlos sobre lo que estaba pasando entre ellos. Las revelaciones de los niños fueron terribles, señalaron que en la casa de White, la famosa "Casa Blanca", se hacían fiestas donde sólo varoncitos podían entrar, niñas no. Que debían estar desnudos, que se bañaban en el jacuzzi, jugaban Nintendo y veían películas pornográficas.

Narraron que había cosas escondidas detrás de los cuadros (video cámaras), que había gente muy fuerte que los cuidaba, amenazándolos con ponerles una madriza si decían algo.

La cinta sin editar fue presentada al Cabildo por Nicolasa García Reynoso, del Frente Mexicano de Derechos Humanos. Saracho recuerda que hubo regidores que se reían a la hora en que los niños usaban palabras obscenas en su narración. Cuevas no quiso aceptar la problemática, argumentando que el video tenía un trasfondo político para golpear el destino y su administración, y que además los niños ni siquiera eran de Puerto Vallarta. No se inició ni una sola investigación. Surgió entonces una asociación que pretendía evitar la explotación sexual infantil: "Por nuestros niños", misma que abandonó el proyecto, desapareciendo. Aunque aportaron algo: dieron a conocer que en Puerto Vallarta sí había explotación sexual infantil.

Fue Nicolasa García Reynoso quien en el 2001 presentó una queja ante la CEDH para que se recomendara a las autoridades una investigación sobre White por parte de la Procuraduría, que hasta entonces no había hecho nada. Y desde ese momento, eso sí, empezaron contra ella los hostigamientos, las amenazas. Acosada, perseguida, tanto, que el mismo presidente Fox le concedió protección. Durante años anduvo acompañada por dos guardaespaldas.

El sucesor del presidente municipal Cuevas fue Pedro Ruiz Higuera. Sí aceptó la problemática, haciéndose pública la denuncia contra Thomas White. Pero tampoco sirvió para enforcarse al problema. No cambió nada. Thomas, rodeado de gente importante, empezó a construir el albergue "Los niños de Vallarta" con un costo de dos y medio millones de dólares. El edificio del albergue fue construido al lado del hotel La Iguana, también propiedad de White, estratégicamente unidos por un puente. Le habían otorgado el permiso de construcción, pese a que ya había denuncias.

Saracho señala que lo que sucedía en la mansión donde vivía Thomas, a la orilla de la playa de Mismaloya, era un secreto a voces, pero en su momento a nadie escandalizó. El pudiente extranjero era catalogado como un filántropo, un excéntrico, ya que fue la primera persona que compró una casa de más de dos millones de dólares en esa bahía, vestido en short y con playera de Mickey Mouse. Lo consideraban un "ciudadano ejemplar".

Los menores iban una y otra vez cuando el hambre o las necesidades de drogas o dinero los empujaban. "El gringo Tom" los había corrompido. Se supo que lucraba con la difusión de pornografía infantil por internet. Con todo y eso, la presión ejercida sobre las víctimas hizo que se fueran desmontando poco a poco las acusaciones iniciales de 79 menores presuntamente abusados sexualmente. Quedaron solamente 14 carpetas abiertas por corrupción de menores. Pero no las habían ratificado.

Uno de los entonces niños atacado sexualmente por el acaudalado sujeto me dijo en el 2005: "La verdad como que estoy traumado, cuando duermo tengo pesadillas con él, recuerdo el daño que me hizo, como me agarró, todo. Yo pienso que si me lo ponen enfrente lo mato, la verdad, porque el daño que me hizo no lo va a pagar ni con todo el dinero del mundo. Pido ayuda por todos mis amigos, somos varios, pero la mayoría tiene miedo a declarar. Si lo hicieran hundiríamos al perro". Recordó aquellos días cuando se bañaba en la alberca y le ofrecían una charola con droga de todo tipo, y siempre al salir de la Casa Blanca le daban mil pesos. Sin embargo, años antes se había retractado de la denuncia.

El joven se presentó ante el juez segundo de lo penal, Arturo Espinoza Baena, diciendo: "Comparezco en forma voluntaria y sin presión alguna de nadie ante este juzgado, a efecto de manifestar que otorgo mi más amplio perdón legal a favor del procesado Thomas Frank White y no pido nada en su contra ni penal ni civilmente, por lo que me desisto de toda acción penal y civil, en virtud de que todo lo que dije en la primera declaración que rendí ante el agente del Ministerio Público con fecha tres de abril del año 2000," firmaba José Carlos Ortiz Peña.

Este caso de los niños de Vallarta fue un verdadero contrasentido. Pese a acusaciones y denuncias, nunca detuvieron al gringo en Puerto Vallarta. El poderoso millonario había tejido una red muy sólida con autoridades, jueces y personajes de la sociedad del Puerto, compartiendo dinero y francachelas, que cerraron ojos y oídos, fingiendo no darse cuenta de que aquel hombre era un depravado. Un ambiente donde por simpatía hacia el de ojos azules lo alertaron, lo protegieron para que huyera del país y no enfrentara la justicia, esa que a tiras y tirones lo estaba cercando. Hubo dos órdenes de aprehensión en su contra emitidas por la Procuraduría General de Justicia de Jalisco el 26 de febrero del 2001 por corrupción de menores que no pudieron cumplimentarse.

Thomas Frank White se fugó de Puerto Vallarta en el año 2001 y se dirigió a Tailandia, emparentada con Vallarta en cuanto a la permisividad para allegarse criaturas pobres y desamparadas para prostituirlas. Igual que en México, el gringo se veía siempre rodeado de niños, las fotografías incluidas en su expediente lo delatan.

Dos años pudo seguir gozando impunemente a costa de los niños. Fue detenido en Ayutthaya, cerca de Bangkok, en febrero del 2003, donde lo mantuvieron tras las rejas hasta el 29 de julio del 2005, fecha que fue extraditado a México por cargos de corrupción de menores y delitos contra la salud. Fue muy complejo lograr que regresara a México y compareciera ante la justicia.

Una pieza clave en la reposición de pruebas fue la llegada como delegado de la Costa Zona Norte de la PGJJ de Marco Roberto Juárez González, en la fecha que Thomas White ya era considerado un prófugo de la justicia, y por el que INTERPOL había emitido alerta roja.

Si bien el joven José Carlos Ortiz Peña había otorgado el perdón, este es un delito que se persigue de oficio, jurídicamente se debía acreditar su desistimiento, del por qué se retractó, señaló Marco Roberto Juárez González, ya que los primeros señalamientos contra el acusado son los que el juez deberá tomar en cuenta. Aunque éste, deliberadamente, no lo hizo.

Roberto Ortiz Olguín, otro chico que había sido víctima de White, ratificó lo que el 7 de mayo del 2003 había declarado: "Nunca me tocó ni me hizo nada". Argumentó lo mismo que José Carlos Ortiz Peña. Aunque sumó lo siguiente: "Acusé a White de violación porque me lo pidieron Nicolasa García, el abogado Rodríguez Borrego y un americano llamado David Replogle, dándome dinero. Me siento a gusto con mi conciencia", dijo al salir del juzgado el otrora acusador. Dos años después, volvió a decir en una declaración que rindió ante el Tribunal, al momento de desahogarse el interrogatorio el 8 de agosto del 2005: "Todo fue mentira". El joven de 21 años estaba acompañado de Maribel García Mariscal, abogada particular de White.

Roberto Ortiz Olguín me dijo en otra entrevista sobre su desistimiento a favor de White: "Fui obligado con amenazas por los abogados del gringo Tom. Yo debía declarar que él era bueno con los niños. La segunda declaración que hice fue por una amenaza del licenciado Manuel Flores Cortés, que me ofreció un millón 250 mil dólares por declarar a favor de Tom, diciendo que era gente buena que nunca trató de hacernos daño, que sólo trató de ayudarnos. Al último ya no me importó el dinero, a mí lo que me importó fue el daño que nos hizo a todos".

No obstante, el juez, omitió un pequeño detalle, este muchacho no sabía leer ni escribir, no sabía tampoco el contenido del oficio que presentó. Era un analfabeta de pies a cabeza.

Los cargos contra Thomas White en su origen fueron: violación, delitos contra la salud, corrupción, pornografía y prostitución infantil. Con todo y las evidencias, el cargo por "corrupción de menores" prescribió, a decir del juez. Aun cuando al extraditarlo se acreditó plenamente que la persona era responsable.

Nicolasa García Reynoso me relató indignada:

Prefiero morir a saber que ese desgraciado saldrá libre y haya una víctima más. Seguiré luchando porque sea condenado. El aparato judicial estaba hincado ante el millonario.

En nada están quedando las confesiones que ante el juez hicieron los muchachos violados por Thomas Frank White Norman cuando eran menores de edad; de poco sirvió la doble victimización a que se enfrentaron. Ahora prácticamente todo está como al comienzo. El caso depende, para la representación social, de nuevas denuncias, de la concurrencia de otros agraviados, como si todo lo demás no hubiera sucedido. Los jueces se muestran dispuestos a exonerarlo, uno argumenta prescripción, el otro tiende al desvanecimiento de datos.

Mientras el Ministerio Público estaba atento a que las pruebas contra White fueran firmes, acudí a entrevistar al juez primero de lo penal en Puerto Vallarta, José de Jesús Pineda Gutiérrez, quien me dijo muy convencido que había prescrito el delito de corrupción de menores, porque nunca le habían notificado de la detención del norteamericano en Tailandia: "Si yo no tengo nada en el expediente, pues… debo limitarme a aplicar la norma. Desconozco cómo es que estuvo detenido allá y cómo es que lo trajeron acá. Yo nada más tengo cumplida la orden de la policía".

Otra carpeta abierta correspondía al juez segundo de lo penal, Arturo Espinoza Baena, quien se mostró muy indulgente con el pederasta al decirme: "La acusación por violación está agarrada con pincitas", valiéndose de la indecisión de Roberto Ortiz Olguín, "quien primero lo señaló y luego se desdijo, luego lo volvió a señalar". Se trata de la víctima que me había dicho, cuando ya White estaba en el CEINJURE de la Costa Norte, en 2005, "que pague el perro lo que me hizo".

Nicolasa García afirma que hubo muchas contradicciones en el proceso, puesto que el chico había otorgado su más amplio perdón a Thomas White. "¿Perdón de qué?", dijo. Estaba segura de la manipulación hacia los muchachos, incluso sus dichos no correspondían a su manera de expresarse. Para ella es claro que hubo amenazas y dinero de por medio para que cambiaran la declaración. Peor aún, sabía que en ese tiempo la defensa del gringo estaba preparando una denuncia contra ella por difamación y falsedad en declaraciones ante una autoridad judicial. Y aunque se sentía desgastada en todos los sentidos, no quiso amedrentarse, a sabiendas que podía acabar en la cárcel.

A Nicolasa no la intimidó ningún sujeto. No se dejó sobornar: "Me ofrecieron dinero, un millón de dólares para que le parara al asunto de la Casa Blanca", me confesó. En la única justicia que confiaba era en la justicia divina: "Porque a la de aquí, desde el 2001 le tembló la mano para actuar".

No escondía nada, denunciaba todo, incluso las persecuciones que recibía de la gente de White, que se aventuró a golpear al hijo de la activista. Con todo y que hubo declaraciones contundentes como las de dos hermanos asiduos a la Casa Blanca que señalaron que Thomas los drogaba, que ahí había pastillas y bolsitas de polvo blanco, las cuales les daba para que tuvieran sexo con él "sin querer, ya que al momento que ingeríamos esas substancias revueltas en las bebidas nos poníamos locos y empezábamos a brincar. Además, tenía un chingo de armas en su casa".

Roberto Ortiz Olguín, quien otorgó "el más absoluto perdón" a Thomas White, es el mismo que había asentado en tiempo y forma en el expediente: "La última vez me esposaron, me aventaron a la cama drogado y ya no supe nada de mí. Lo único que recuerdo que vi fue a Thomas penetrándome".

Preguntamos a Juárez González, delegado de la PGJE que tuvo acceso al expediente si creía que White era inocente, a lo que respondió con un no rotundo: "Es culpable y hay muchos elementos que lo acreditan. Por lo que a mí respecta y por la institución, hicimos todo lo posible por reunir las pruebas que demostraran su culpabilidad. Gracias a ellas fue extraditado de Tailandia y en Estados Unidos le han fincado pruebas, incluso hay personas detenidas por los mismos hechos. Es culpable. Existía, por otro lado, un proceso contra el millonario norteamericano en el juzgado noveno de distrito en Puente Grande por delitos contra la salud, pornografía y prostitución infantil".

Los abogados del gringo Tom presentaban supuestas pruebas de descargo, se atrevieron a falsificar oficios médicos, declarando que el gringo estaba enfermo, que era impotente sexual, que no estaba en México cuando ocurrieron los hechos, etcétera.

Las irregularidades merodearon el proceso. El especialista en derecho internacional, Jesús Rodríguez Delgadillo, señaló en su momento que se debieron asegurar los bienes del acusado, como el hotel y todas sus propiedades, para garantizar la reparación del daño. Pero no lo hicieron. Tampoco dieron atención psicológica a las presuntas víctimas.

El 16 de septiembre del 2003 en la casa de Thomas White, en San Francisco, California, el FBI encontró material pornográfico y arrestaron a su asistente, Nathan Loovas, por tráfico de pornografía y turismo sexual infantil. Fue sentenciado a cuatro años y dos meses de prisión.

Lo cierto es que Thomas White se aprovechó del hambre de los niños en Puerto Vallarta, de su pobreza, gozando de impunidad, teniendo tras de sí un poderoso aval, su propia fortuna valuada en más de 100 millones de dólares, que le garantizarían mantenerse libre para adquirir lo que fuera necesario. Las acusaciones contra él se iban apagando. Las carpetas se iban archivando porque supuestamente faltaban pruebas para acreditar los hechos.

Los detalles de una historia como la de White son tan siniestros que hoy la gente no se explica cómo pudo estar tanto tiempo cometiendo atropellos contra los menores sin que nadie lo detuviera. Por ahí la gente decía de él: *money talks*.

El trabajo que llevaron personas como Roberto Juárez fue tal que hasta le quitó el sueño. Colaboró con las evidencias, que fueron analizadas por agentes del FBI que se trasladaron a Vallarta para las investigaciones, con todo y sus peritos especializados de la Unidad de Delitos Sexuales contra menores. Juárez nos cuenta sobre su trabajo intenso y muy difícil:

Para empezar, encabezaba el equipo de abogados defensores de White un exsubprocurador de la República, con quince o veinte abogados. Y en Puerto Vallarta correspondía al Ministerio Público, adjunto al juzgado. Lo cual, de entrada, era una enorme desventaja. Por un lado, había recursos económicos ilimitados para la defensa del magnate, mientras que para los que llevábamos las acusaciones no contábamos ni con personal suficiente. Navegábamos a contracorriente. Un expediente que llenaba varias cajas, del que había que traducirlo del español al inglés, del inglés al tailandés, y de ahí al español. Con eso te digo todo.

La gente que piensa que puede llegar a un lugar y hacer lo que quiera, creyendo que no va a pasar nada, se equivoca. Aunque sé con certeza que aún falta mucho para que sea una realidad en toda la extensión de la palabra.

White era muy poderoso, política, social y económicamente, así que podía comprar todo, y muchos vallartenses y jueces se doblegaron ante él.

Otro de los protagonistas en la historia de White es el abogado, Mauricio Rodríguez Borrego, quien luego de una batalla de siete años de acciones civiles ante la Corte de Distrito de California consiguió ganar el derecho a la reparación del daño para 22 menores de edad que fueron abusados sexualmente en Vallarta por el gringo Tom en complicidad con su asistente y pareja sentimental, Loovas. El juez estadounidense dictaminó el pago de 500 mil dólares para cada menor víctima del pederasta. Un logro inaudito. Rodríguez Borrego nos cuenta:

A mis niños les dieron diez millones de dólares. Originalmente el monto fue de 500 millones de dólares, pero White apeló y después de 18 meses de juicio el juez ordenó que fueran solamente diez, mismos que se repartieron entre las víctimas y los abogados gringos. A mí me dieron una piscachita, a pesar de que fui el que más trabajó. Para efecto de Estados Unidos yo era el guardián de los niños y el abogado que aportó todas las pruebas, testigos, testimonios, entrevistas. Hasta vino un juez federal a entrevistarse con ellos. Todo el trabajo para llevar el juicio civil, lo hice yo.

Era mi primer día como abogado en la agencia de menores del Puerto cuando llegó un policía que llevaba a un niño esposado. Al verlo me indigné mucho y le dije al oficial, "al que voy a esposar es a ti, no ves que esto es una violación a los derechos de los menores, quítale las esposas". El guardia me contestó: "Vea, lo que le encontré". Era una bola de cocaína del tamaño de una pelota de beisbol. Y yo pregunté al chiquillo, ¿quién te dio esto? Un gringo, me contestó. Y siguió: "Nos filma, si se la chupo me da dinero, si hago sexo con otro me da más". Yo no podía creerlo. Ese niño se refería directamente a White.

Yo veía con impotencia que el pederasta se iba librando de algunos cargos debido a la indolencia, prescripción, colusión y corrupción de las autoridades, que lo apoyaron desde que llegó a Vallarta.

Un juez de la Corte en San Francisco, California, designó en su momento a una persona para que en Puerto Vallarta investigara a los menores de edad en situación de calle, y las circunstancias en las que habían sido abusados por White. Gracias a ello, consideró que sí había elementos y ordenó, desde mayo del 2008, que a través de un fideicomiso fueran repartidos los millones de dólares entre los jovencitos. A través de la institución bancaria Wells Fargo, los jóvenes reciben desde entonces, mes a mes, la parte correspondiente.

Por supuesto a White no le gustó la decisión de indemnizar a los jóvenes y puso a sus abogados a trabajar. Bajo el expediente 36/2013-C, radicado en el juzgado segundo penal, Thomas White interpuso una denuncia contra Roberto Ortiz Olguín, Omar Israel Marín Zepeda u Omar Ismael Marín Zepeda, y Mauricio Rodríguez Borrego, por los delitos de extorsión, primero, por cien mil dólares americanos, y posteriormente cuatro millones doscientos mil dólares, por asociación delictuosa, fabricación de pruebas y testimonios falsos contra el pederasta. El revanchismo tuvo sus frutos al ir enderezando la acusación para empatar con el dinero que los demandantes estaban recibiendo como indemnización. La jueza segundo de lo penal en Puerto Vallarta giró la orden de aprehensión contra Mauricio.

Y ahí sí, de manera "rápida y expedita como marca la ley", giraron las órdenes de aprehensión. El 28 de enero del 2013 Mauricio Rodríguez Borrego fue encarcelado durante un año, tras denuncias y persecuciones de la gente de White. Estuvo recluido en el mismo reclusorio donde se encontraba White, en la delegación de Ixtapa, topándose todos los días con el pederasta, quién mientras vivió llegó a pagar a otros internos para que hicieran más sufrible el encierro del abogado.

Y es que Thomas White dijo ante la jueza, que supuestamente personas a nombre del abogado Rodríguez Borrego, se le habían acercado en el 2005 diciéndole que tenían la solución, que a cambio de dinero podrían aminorarse los temas penales en México. Mauricio sólo representaba a los menores de edad en la Corte de San Francisco, no en México.

Para el defensor de los menores, el proceso civil ya había concluido desde el 2008. Mauricio jamás fue llamado a comparecer ante los juzgados en México, ni como testigo, ni como parte civil del caso. Nunca fue citado durante el proceso que llevaba abierto en Puerto Vallarta durante siete años y aun así lo detuvieron.

Otra de las serias quejas de Mauricio, se refería a que cuando se libró la orden de aprehensión contra un delito considerado no grave, y pese a pagar la fianza para su liberación, la juez consideró, días después, de "forma errónea", que se trataba de un delito grave, revocándole la libertad. Por lo cual lo mantuvo en prisión. "La jueza era muy asidua a las fiestas de los abogados de Thomas", afirma Rodríguez Borrego.

Al quedar en firme la orden de aprehensión se reconocía que las acusaciones contra White fueron un montaje, que todos los delitos que le imputaban en materia sexual eran mentira, que jamás habían sucedido ni la extradición ni su detención. Así de sucio se manejaron los jueces.

Y si ustedes creen que ese pequeño hotel, al que se llega desde el albergue para niños pobres, fue destruido o bien transformado en una obra que beneficie a una causa social, pues no. El hotel sigue abierto, recibiendo turistas, como si nada. El edificio que ocupaba el albergue, de donde salían las criaturas directamente al hotel como en bandeja de plata para los visitantes, tampoco fue demolido. Hubiese sido una manera de borrar tantas infamias y una prueba de buena voluntad hacia los niños. Se pudo haber levantado un monumento a la frase tan sobada de los políticos: "El interés superior de la infancia", que hiciera recordar a una sociedad medio adormilada, que esas ominosas actividades no deben repetirse. Pero no.

Pese a ser bienes confiscados, donde el Gobierno puede dedicarlos a obras de beneficencia y no a la venta, como ocurrió con el hotel, que nadie supo cómo se llevó a cabo la transacción ni quién recibió el dinero de la misma. Lo que sí desapareció fue la escultura en bronce de un niño jugando semi desnudo con unos delfines, esa era la referencia del albergue.

En los pocos videos y fotografías de White que llegaron a manos de la Procuraduría de Justicia se puede ver a un tipo maduro, de vientre abultado. En otras, vemos a un hombre decrépito, abrazando a menores de edad de origen humilde, divirtiéndose entre las olas del mar.

De seis procesos que se le habían abierto y consignados, solamente quedó uno, cuya sentencia estaba por concluir. Lo habían librado de varios delitos, uno a uno, gracias a las artimañas de sus poderosos abogados y el dinero que soltaban a los jueces.

A la espera de su extradición a Estados Unidos, Thomas Frank White murió el 10 de febrero del 2013, ocho años después de haber llegado de Tailandia. La causa de su muerte fue neumonía y ocurrió en un hospital privado de Puerto Vallarta. Muchas de sus víctimas no se enteraron, habían muerto de SIDA, sin haber visto jamás la luminosa justicia. White tenía 78 años.

Conclusiones

Hemos tratado de dar un panorama general de lo que son los delitos sexuales contra las NNA, la gama de interacciones que conducen al fatídico acto de un abuso, y la respuesta que se da ante esos hechos por parte de las autoridades, las instituciones y los padres de familia.

Lo que debe quedar claro es que todos debemos participar en su erradicación a través de la denuncia, sea quien sea el abusador. Los niños, las niñas pueden estar viviendo una conducta de abuso y expresarlo de manera no verbal ante el temor, desconocimiento y su inmadurez. La atención de los padres es indispensable para detectarlos.

Con motivo del "Julio Azul", este 2022, en unísono a la campaña "Corazón Azul" de las Naciones Unidas, se realizó la Conferencia sobre Trata de Personas organizada por el Consulado de Estados Unidos en Guadalajara, participando expertos extranjeros, actores del gobierno de Jalisco, organismos de la sociedad civil y universidades, entre otros.

Se iluminaron edificios públicos con luces azules, como un recordatorio de la necesidad de sensibilizarnos de este fenómeno global. Y se eligieron como sedes, justamente, ciudades consideradas "focos rojos": Guadalajara, Chapala y Puerto Vallarta, ya que esos municipios son considerados como origen y destino del tráfico de personas, y se sabe que en los hoteles ocurre 80% de los casos, muchos de ellos reclutados en internet.

Recordemos que la trata es la captura, retención y secuestro con fines de explotación sexual, comercial o laboral, y se trata de informar, de capacitar desde preescolar, primarias, secundarias, preparatorias a las autoridades, a los policías, al sector salud y educativo. Hay mucho desconocimiento de este fenómeno, creen que es la forma que hablamos a los menores. Necesitamos que los niños sepan de esto, que existe como una amenaza, y entregarles herramientas de prevención, porque esos niños que fueron vulnerados en su primera infancia tienen 84% de posibilidades de ser víctimas de explotación sexual comercial en su adolescencia. "No me toques, no me gusta, es mi cuerpo y no tienes por qué acariciarlo de esa manera", eso deben aprender a externar nuestros niños.

Hablaron de todas las formas de explotación hacia los menores, que son seis según la ONU, incluyendo, aparte de la sexual, comercial, laboral, la de órganos y tejidos. "No son leyendas urbanas, es una realidad. Se han encontrado cuerpos de NNA sin un riñón, sin córneas, sin tejidos; clínicas de fertilidad donde los óvulos están siendo comercializados".

Están también los niños y adolescentes, contactados en sus celulares para una oferta laboral que son llevados a campos de concentración donde los entrenan para el sicariato, algo que se supo gracias a un menor que se fugó del que catalogó como un "infierno" en Tala, Jalisco, a menos una hora de la zona metropolitana de Guadalajara.

Los matrimonios infantiles es otra forma de vulneración de los derechos de los NNA y que tienen que ver con los usos y costumbres en ciertas comunidades, olvidando que los derechos humanos están por encima de los usos y costumbres y no debe permitirse. Recordaron que el "enamoramiento" es una de las formas más eficaces de los tratantes, junto a las redes sociales. Alertaron del peligro que hay sobre esos adolescentes que acuden a citas de trabajo, recibidas a través hasta de Mercado Libre y Amazon sin hacerlo del conocimiento de sus padres. Pueden desaparecer y nunca se sabrá dónde están.

Mencionaron el por qué Chapala es un foco rojo, citando que como lugar donde hay muchos pensionados extranjeros y existen muchas casas hogar donde a canadienses, estadounidenses y europeos les permiten tener "una cercanía no sana con los NNA" y de esta manera se están beneficiando como padrinos y donantes. Urge poner una lupa para que supervisen esas casas hogar, porque sabemos que se les permite llevar a esos menores a sus casas. "México es un país tres de tres, somos países de origen, de tránsito y de destino, por ello, muchos NNA están siendo exportados a todo el mundo. La razón por la que, en la jerga de los tratantes, Jalisco es un paraíso, es porque pueden venir, explotar a niños y niñas, cometer sus ilícitos, sin ser perseguidos, enjuiciados y condenados".

Hay que tener muy presente que existen líneas de denuncia como Te Protejo México, la Guardia Nacional y la Policía Cibernética, organizaciones que están ayudando a prevenir y detectar este problema. Debemos entre todos fortalecer la cultura de la denuncia, diseñar estrategias que impacten socialmente, protocolos en los centros educativos, capacitación en los impartidores de justicia, psicólogos, maestros, padres de familia.

Es importante que los papás estén muy alertas ante las señales que surgen cuando un niño es abusado. Porque son delitos encubiertos, silenciosos, y los menores no pueden defenderse. El aislamiento, estrés, los trastornos en el sueño, las conductas autodestructivas y los intentos de suicido son síntomas que debemos repetir, pueden llevar a descubrir que el niño o la niña sufrió un ataque sexual.

Hay que recordar que uno de cada cinco menores conectados a internet va a ser enganchado por un pederasta. La supervisión de los padres debe ser constante. La indiferencia es lo peor que cunde alrededor de estos delitos, concluyó una de las expositoras.

Añado un dato más: según investigación reciente de los comportamientos de los menores en las redes sociales, dada a conocer por Thorn, una organización no lucrativa dedicada a la prevención del abuso sexual infantil en Estados Unidos, se reveló que el intercambio de videos y fotografías de carácter sexual entre los menores de 13 a 17 años ha aumentado 100% en el año 2021, comparado con el 2020. También está aumentando el envío de material sugestivo entre niños de 9 a 12 años, material fácilmente distribuido en los rincones ocultos de las plataformas de internet y compartido por los interesados para su comercialización.

El desafío para afrontar ese fenómeno del abuso sexual infantil se torna mayúsculo, más al coincidir la tecnología en manos de los niños y la nula o poca vigilancia de los padres. La seguridad en línea está en crisis. Los casos registrados a través de internet crecieron 106% en todo el mundo. México ocupa el tercer lugar, después de Australia y Filipinas, entre los países que más incrementaron su producción, según el informe de Global Treat Assessment. Estamos ante un virus más contagioso que el Covid 19.

Lo que sucede en esas localidades pobres y que ni siquiera aparecen en los mapas debe llamar la atención. Simplemente porque ese material que fue videograbado o fotografiado de esos menores es parte del catálogo que circula en el mundo. Es decir, los delincuentes buscan lugares pequeños, donde persiste el abandono, la ignorancia de los mayores, la marginación, para hacerse del valioso botín, ese que está propagándose en el mundo. Los niños de centros escolares son fácilmente manipulados por los maestros, por los cuidadores, y tiene que pasar mucho tiempo para que los padres se enteren de lo que está pasando. Mucho ojo.

Las pocas denuncias hacen el resto. Datos de Estados Unidos señalan que en el 2018 hubo 45 millones de denuncias de material de ASI en internet, mientras que México tuvo apenas doce.

Es tan grave e importante enfrentar el ASI que en Estados Unidos el ASI está considerado como un problema de salud pública. Porque cuesta más atender a un sobreviviente del ASI que a las enfermedades provocadas por el tabaco, por la diabetes. En términos económicos, es más costoso por las pérdidas que provoca, ya que las víctimas tienden a la deserción escolar, a la violencia intrafamiliar, a las adicciones, a la delincuencia y al suicidio. Muchos de los problemas que tenemos como sociedad puede que hayan surgido del ASI en la niñez y que saltan en la etapa adulta.

Es importante hablar en forma clara desde el principio a los menores, porque el principal aliado del ASI es la ignorancia. Debemos quitar el miedo a decir las cosas, el silencio es lo que nos ha llevado tan lejos en este problema que ni la ONU, ni la Comunidad Europea, es más, ni en la poderosa jerarquía eclesiástica, han podido resolver, prevenir, evitar. No se ha visto una solución para abatir el abuso dentro del hogar, mucho menos en el espacio virtual.

Para que haya un blindaje contra el ASI, según la Fundación PAS, deben suceder cuatro cosas: primera, el conocimiento, saber qué es exactamente el ASI, cuáles son los síntomas, cómo hacer para evitarlo en el seno del hogar. Segundo: crear el ambiente para nombrarlo, decirlo, que todos sepamos que existe, que se debe hablar de esto con los hijos. Tercero: trabajar con el entorno, sea en las escuelas, por ejemplo, cuidar que no haya espacios oscuros, que en los baños pueda verse desde afuera los zapatos de los pequeños, que no haya espacios donde puedan esconderse, que todo sea ventilado y abierto. Trabajar en los planteles para que haya un entrenamiento contra esos riesgos, como se hace con relación a un temblor, por ejemplo. Cuarto: saber qué hacer cuando suceda un caso de ASI. Contar con redes de apoyo, tener con quien hablarlo, a dónde pedir ayuda. La responsabilidad no es solamente de los gobiernos, las familias deben saber cómo actuar, cómo defenderse ante los acechos de los pederastas.

Se sabe que el depredador busca a sus víctimas entre los niños más débiles, con carencias afectivas y emocionales, que estén pasando por conflictos familiares como una pérdida, el divorcio de sus padres, algo que lo lanza a la soledad. Esos niños son potenciales candidatos a sufrir un ataque de naturaleza sexual.

Debemos saber que un niño que ha sufrido un abuso va a pedir ayuda una sola vez, va a contárselo a una persona, y si ésta no le cree o no lo escucha, el menor lo callará para siempre. Aquí puede tratarse de un ministerio público, un maestro, un padre de familia o un amigo.

Urge la creación de modelos educativos —porque el ASI sólo se puede prevenir a través de la educación— con programas dirigidos a los maestros, a los papás, a los niños y a los terapeutas que ayuden a la recuperación de esos menores. Sobre todo ante el interés que están mostrando ciertos países europeos y asiáticos de impulsar el deseo por los niños como una preferencia sexual más, del abanico de las tendencias sexuales.

En México existe la explotación sexual infantil, el ASI, y nos falta mucho para remediarlo. De ahí que debe haber una coordinación entre el sector educativo, empresarial, gubernamental y padres de familia. Busquemos que los niños se apropien de sus acciones, de sus reacciones —como sugiere la Fundación PAS— de sus pensamientos y de sus consecuencias.

Tenemos el derecho a saber, a ser inteligentes. Si preguntamos a los padres de familia cuánto saben sobre educación sexual, la mayoría se queda callada. Las generaciones anteriores crecieron sin una adecuada educación sobre sus cuerpos, el autocuidado, las actitudes de riesgo, sin saber sobre los procesos de desarrollo sexual de sus hijos adolescentes, de sus niños y niñas. Chicas como Victoria, que no tuvieron la confianza de hablar con su madre del susto que se llevó cuando le bajó la primera regla, de preguntarle qué era esa sangre que fluía entre sus piernas. Un pudor mal entendido prevalece en las familias, evitando abordar lo que consideran algo muy espinoso. Crecimos a trompicones, sin haber tenido la oportunidad de recibir las primeras letras del abecedario de la vida, donde una parte, tal vez la más importante, es precisamente la sexualidad, porque tiene que ver con la forma en que nos relacionamos con el otro, en la búsqueda del placer, del amor, incidiendo a lo largo de la existencia. Pero hoy son otros tiempos y la información está al alcance de todos, esa que nos salva o nos envilece.

La Fundación PAS, ha elaborado una vasta cadena de servicios al alcance de todas las edades que conducen hacia una sexualidad más sana, más gozosa, más asertiva, "cuya misión es la de generar una cultura de blindaje contra el Abuso Sexual Infantil mediante la innovación y la investigación de modelos para prevenir y atender el problema". También existe la plataforma educativa virtual https://educacionpas.org, con todo lo que debes saber de la prevención e información sobre la educación sexual para niños y niñas. Existe también para interesados de habla hispana www.teprotejolatino, que te da la opción de elegir el país de residencia y seguir las indicaciones para hacer un reporte. Tengan presente también el protocolo: https://fundacionpas.org. La información nos evita muchos dolores de cabeza y las generaciones venideras nos lo agradecerán.

La bestia que devora a los niños de María Antonieta Flores Astorga
se terminó de imprimir en el mes de marzo de 2023
en los talleres de Diversidad Gráfica S.A. de C.V.
Privada de Av. 11 #1 Col. El Vergel, Iztapalapa,
C.P. 09880, Ciudad de México.